Woran glaube ich?
Ganz persönliche Antworten
zu Glaube & Religion

Herausgegeben von
Martin Dreyer

www.beltz.de
© 2012 Beltz & Gelberg
in der Verlagsgruppe Beltz · Weinheim Basel
Alle Rechte vorbehalten
Innengestaltung, Satz, Lettering: Franziska Walther
Einbandgestaltung: Franziska Walther
unter Verwendung eines Fotos von getty images
Neue Rechtschreibung
Litho: ICCPrint, Biblis-Wattenheim
Druck: Beltz Druckpartner GmbH & Co. KG, Hemsbach
Bindung: Beltz Bad Langensalza GmbH, Bad Langensalza
Printed in Germany

ISBN: 978-3-407-75356-4
1 2 3 4 5   16 15 14 13 12

# Woran glaube ich?

Ganz persönliche Antworten
zu Glaube & Religion

Herausgegeben von
Martin Dreyer

BELTZ
& Gelberg

# Inhalt

**12 Martin Dreyer**
Vorwort: Die Frage nach Gott

**16 David Kadel**
São Paulo. Juni. 32 Grad. Die Frisur sitzt!!

**28 Interview mit Jonas**
»Es ist ein Prozess, wenn man mit Jesus lebt«

**34 Jasmin Tabatabai**
Über Glauben und Aberglauben

**44 Interview mit Leonie Dorothea**
»Wenn ich Gott spüre, fühle ich mich geborgen«

**50 Bruder Paulus**
Heimat in Gott

**60 Interview mit Fatma**
»Allah schickt uns andauernd Zeichen«

**64 Christine Göllner**
Schon in diesem Leben glücklich sein

**76 Interview mit Lissi**
»Ich wollte eine klare Antwort«

**82 Wladimir Kaminer**
Das Leben danach

**88 Interview mit Krümel**
»Gott hat uns eine Verantwortung für diese Welt gegeben«

**94** Alois Prinz
Der Gott auf dem Holzbrett

**102** Interview mit Gebull
»Gebet ist für mich ein Lebensstil«

**108** Eckart von Hirschhausen
Glaube versetzt Gotteshäuser

**116** Interview mit Ruth
»Voll schön der Tag heute, Jesus!«

**122** Kerim Pamuk
Allah kam nicht mit

**130** Interview mit David
»Du sollst bestimmen, ob ich meinen Vater noch mal sehe«

**136** Jo Schanwächter
Betende Hände können nicht zuschlagen

**144** Interview mit Laura
»Wie mächtig Religion sein kann, das macht mir Angst«

**150** Ilona Einwohlt
Ich bin ein echter Glücksvogel

**158** Interview mit Enise
»Niemand muss glauben, wenn er nicht überzeugt ist«

**164** Dani Levy
Von Katzen und Mäusen

**174** Interview mit Patty
»Beten läuft bei mir eher freestylemäßig«

**180** Özlem Topçu
Einmal Glaube und zurück

**194** Interview mit Helge
»Ich habe mir die Maxime gesetzt, niemals zu lügen«

**198** Patrick Gastmann & Peter Lauber
Mit Gospel durch dick und dünn

**206** Interview mit Lara
»Mein Glaube befindet sich noch im Wachstum«

**212** Shelly Kupferberg
Jüdische Generationssprünge

**222** Interview mit Kübra
»Ich finde es nicht gut, wenn ein Mensch an gar nichts glaubt«

**226** Giovanni di Lorenzo
Der schönste Moment des Tages

**232** Interview mit Johanna
»Eine Religion gehört nicht zu mir«

**236 →** Bild- und Textnachweis

# Die Frage nach Gott

Ein Gospelsänger vergleicht sein Gebet mit Kraftstoff, eine Abiturientin findet Glauben zwar spannend, bezeichnet sich aber nicht als gläubig. Ein bekannter Journalist erinnert sich, dass seine Mutter vergebens gehofft hat, einer ihrer Söhne würde Geistlicher, eine 16-jährige Muslimin trägt ihren Glauben tagtäglich durch ihr Kopftuch offen zur Schau. Eine Schauspielerin muss beim Thema Glauben auch immer an Aberglauben denken, eine 13-jährige Schülerin findet es schrecklich, wenn sich Religionen gegenseitig bekriegen.

»Woran glaube ich?« präsentiert eine Vielfalt von Glauben und Nichtglauben; sehr unterschiedliche und sehr persönliche Ansichten kommen auf den nächsten Seiten zu Wort. Christen, Juden, Muslime, Buddhisten und Menschen, die sich als nicht gläubig bezeichnen, erzählen ihre Geschichten, berichten von den Erfahrungen, die sie im Glauben gewonnen haben.

In seinem Leben muss sich jeder Mensch mit vielen Fragen auseinandersetzen. Es geht zum Beispiel darum, welchen Partner man wählt oder wo man leben möchte oder welchen Berufsweg man einschlagen soll. Daneben aber ist es – das denke ich – eine der wichtigsten Aufgaben, eine Antwort auf die Frage zu finden: »Woran glaube ich?« Denn diese Antwort wird maßgeblich über das weitere Leben entscheiden. Sie beeinflusst letztlich alles andere.

Martin Dreyer

In diesem Buch antworten ganz unterschiedliche Personen auf diese Frage, Erwachsene und Jugendliche, Prominente und Nichtprominente. So unterschiedlich diese Menschen sind, so verschieden fallen ihre Antworten aus. Eines jedoch ist allen Mitwirkenden dieses Buches gemein: Sie haben sich intensiv mit Religion auseinandergesetzt. Manchen hilft der Glaube, ihre Probleme im Alltag zu bewältigen. Bei anderen sorgt er dafür, dass es in scheinbar ausweglosen Situationen noch Hoffnung gibt.

Manchmal taucht die Frage nach dem Glauben plötzlich auf: bei einem schlimmen Autounfall, bei dem man wie durch ein Wunder nicht verletzt wird. Wenn ein Freund, den die Ärzte schon aufgegeben haben, doch wieder gesund wird. Und gerade in Zeiten finsterer Depression schreit einen die Frage förmlich an, sie will beantwortet werden.

Dies spiegelt auch meine persönliche Erfahrung wider. Im Rückblick betrachtet, war ich eigentlich mein ganzes Leben lang auf der Suche nach Gott. Diese Suche trieb mich in Drogen, in die Partyszene, in eine übermäßige Sehnsucht nach Liebe und Anerkennung. Aber dort habe ich letztendlich keine Antworten finden können, nichts hat mich wirklich erfüllt. Ganz im Gegenteil wurde ich immer leerer und einsamer. Mit 18 Jahren machte ich die größte Entdeckung meines Lebens: Gott existiert! Und er hat tatsächlich ein Interesse an meinem

Leben! Ich ging damals nach einem Gottesdienst in der Petri-Kirche in Hamburg nach vorne in den Altarraum, um mich dort segnen zu lassen. Dieser Schritt nach vorne, dieser Schritt zu Gott hat mein Leben bis heute nachhaltig verändert. Ich übergab alles, was mich ausmachte, meine negativen und positiven Seiten, an Jesus und wurde ein Christ. Plötzlich gab es eine neue Dimension in meinem Leben, die über die Naturwissenschaften hinausging. Ich konnte zu Gott beten, wenn ich mit meinen menschlichen Mitteln nicht mehr weiterwusste, und er erhörte mich. Für mich ist das die größte Entdeckung, die ich jemals gemacht habe.

In einem Internetforum las ich kürzlich die Frage eines Jugendlichen: »Wann wird Religion endlich aussterben? Wie lange wird es noch dauern, bis die Menschen kapieren, wie dumm ihr Glaube ist?« Diese Frage, so leidenschaftlich und fast schon verzweifelt sie auch klingen mag, ist nicht sehr neu. Bereits im 19. Jahrhundert behauptete der berühmte Philosoph Friedrich Nietzsche in einer Schrift: »Gott ist tot!« Dieser Satz war weniger als eine Feststellung, sondern vielmehr als Beobachtung einer Entwicklung gemeint. Nietzsche war sich sicher, dass Religion allmählich aussterben wird, weil die Naturwissenschaft Religionen in zunehmendem Maße unglaubwürdig macht.

Ist Gott also tot? Aktuelle Umfragen zeigen zumindest, dass auch heute noch mehr als 40 Prozent der Jugendlichen an Gott glauben – so unterschiedlich dieser Glaube im Detail auch aussieht. Die Erzählungen, Berichte und Interviews in diesem Buch sollen inspirieren und dazu einladen, sich selbst mit Glauben und Religion auseinanderzusetzen. Religion wird lebendig, wenn man über sie redet und sie so erfahrbar macht. Die Geschichten in diesem Buch können ein Beispiel dafür sein, wie Religion die Menschen beschäftigt. Naturwissenschaft hat viele Fragen beantwortet, und sie ist allgegenwärtig im Leben des 21. Jahrhunderts. Aber auch der Glaube an Gott lebt in den Herzen vieler Menschen weiter, er wirkt Wunder, er hilft, Grenzen zu überwinden, er schafft Leben. Gott wird von Menschen erfahren, er ist vielleicht doch nicht totzukriegen.

*Martin Dreyer, Herbst 2011*

Martin Dreyer, 46, wurde in den 90er-Jahren deutschlandweit durch die Gründung der *Jesus Freaks* bekannt, einer christlichen Jugendbewegung, die neben den etablierten Frei- und Staatskirchen ihren Ausdruck von Glauben konsequent in die heutige Zeit überträgt. Er ist Autor und Herausgeber von diversen Büchern, unter anderem des Taschenbuchbestsellers *Die Volxbibel*. Martin Dreyer ist freikirchlicher Theologe, Suchttherapeut und Diplompädagoge und lebt mit seiner Frau Rahel und seiner kleinen Tochter in Berlin.

David Kadel

# São Paulo.
# Juni.
# 32 Grad.
# Die Frisur
# sitzt !!

Nach einer vierstündigen Irrfahrt durch das 20-Millionen-Einwohner-Monster stehen wir im streng bewachten Reichenviertel *Alphaville* endlich vor unserem Ziel: einer schneeweißen Villa Marke Denver-Clan. Das Domizil eines der besten Fußballer der Welt: Zé Roberto. Vizeweltmeister mit Brasilien, mehrfacher Deutscher Meister mit Bayern, vor Kurzem zum besten Spieler Südamerikas gewählt. Chapeau!

Einige Minuten schleiche ich mit meinen Freunden Crischi und Tobi an der für São-Paulo-Verhältnisse unfassbar sauberen Eingangsfront hin und her. »Hat der auch ein Namensschild irgendwo?«, wundern wir uns, dass es bei Herrn José Roberto da Silva Junior noch nicht einmal eine Klingel gibt. »Wahrscheinlich ist ihm beim Bauen die Kohle ausgegangen«, flachst Tobi, als wir auf der linken Seite der Prachtvilla den riesigen Pool entdecken. Na gut, dann eben anklopfen. »Hallo! Hallooo! Haaalloooo?« Nichts. Kein Laut. Gar nix. Ruhe. Wir lauschen. Keiner da? Etwas irritiert schauen wir uns an und ziehen die Schultern hoch.

»PENG!« Urplötzlich wird die Haustür von innen aufgerissen! Der Schelm hatte uns die ganze Zeit beobachtet. »Jaaa bittäää???«, spielt Zé den erstaunten Hausherrn und grinst uns dabei triumphierend mit seinem unverwechselbaren Brasi-Smile an. »Blödmann! Hast du uns erschreckt!« Alle lachen erleichtert. Brasilianer können einfach nicht anders – sie haben eben diesen Schalk im Nacken, diese Leichtigkeit. Nicht umsonst heißt es: »Deus é Brasileiro! – Gott ist ein Brasilianer!« Davon können wir hier in Deutschland nur träumen.

»Schön, dich wiederzusehen, mein Lieber, hier am Ende der Welt! Danke für die Einladung.«

Der stolze Hausherr José führt uns durch sein pompöses Reich. Gestern waren wir noch in den Favelas, den Elendsvierteln São Paulos, der eigentlichen Heimat Zé Robertos. Fünftausend Menschen leben dort auf einer Art riesigem Schrottplatz und lassen ihre Kinder im stinkenden Müll der Reichen nach Essbarem wühlen. Und nun das. Der krasseste Gegensatz, den ich bisher erlebt habe. Manche Räume der zweistöckigen Traumvilla sind so komplett in Weiß eingerichtet, dass es einen fast blendet. Wir trauen uns kaum, etwas anzufassen. Erst mal Hände waschen.

Luciana, seine Frau, begrüßt uns in einer verchromten Traumküche, für die jede Frau in Deutschland ihren kompletten Schmuck und vielleicht noch einiges mehr hergeben würde. Sie setzt gerade irgendetwas mit Bohnen auf – wie könnte es anders sein, *Fejoa*, das leckere Nationalgericht der Brasies. »Was hat ein Fußballstar, der auf sein Gewicht achten muss, im Kühlschrank?«, frage ich Zé vor laufender Kamera. Ein kurzer Blick hinein verrät: 20 Dosen Cola light, Sprühsahne, Ketchup und Eier. Das war's. OK, sehr asketisch!

Vor lauter Staunen vergessen wir beinahe, warum wir hier sind. Mit meinen beiden Freunden drehe ich das Fußball-Roadmovie *Fußball Gott – Das Tor zum Himmel*. Eine etwas andere, freche Fußball-Doku, mit der wir Fußballstars wie Asamoah, Bordon, Cacau, Jürgen Klopp und viele andere einmal ganz privat zeigen möchten. Einer der Darsteller, BVB-Trainer Jürgen Klopp, hat unseren Low-Budget-Film sogar bei Stefan Raab vorgestellt.

Wir wollen berühmte Fußballer mit der Kernfrage unseres Filmes konfrontieren: »Warum glaubt ein millionenschwerer Fußballprofi – mit Traumhaus, Traumauto, Traumfrau und Traumleben – überhaupt an Gott?« Zé Roberto muss darüber nicht lange nachdenken: »Es ist die Dankbarkeit, die mich in meinem Leben immer wieder zu Gott führt.«

Beim gemütlichen Kaffeetrinken auf der Rückseite der Villa erzählt uns der Dribbelfloh vom HSV eine traurige Geschichte aus den Favelas, in denen er seine Kindheit und Jugend verbrachte. Zwei seiner besten Freunde, Lice und Mazola, wurden im Alter von zwölf Jahren vor seinen Augen von sogenannten »Kinderjägern« erschossen. Damals

David Kadel

betete der kleine José erstmals in seinem Leben zu Gott und flehte ihn an, seine Familie aus diesen kaputten, lebensbedrohlichen Umständen zu befreien. Not lehrt beten!

Seine unglaubliche steile Karriere zu einem der weltbesten Fußballer der letzten Jahre verdankt Zé allein Gott – das betont er immer wieder und erzählt uns, wie er in all diesen Jahren immer wieder Inspiration für seinen großen Traum in der Bibel fand:

»Die Josef-Geschichte im Alten Testament ist eine meiner absoluten Lieblingsgeschichten. Solche Geschichten geben mir Kraft und Mut. Josef hat sein Vertrauen auf Gott nie verloren, selbst als er unschuldig im Gefängnis landete. Und er hat dazu noch die Größe gehabt, seinen Brüdern, die ihn nach Ägypten in die Sklaverei verkauft hatten, zu vergeben. Josef ist ein echtes Vorbild für mich – so wie er möchte ich in diesem Fußballgeschäft leben.«

Kennengelernt hatte ich Zé 1998 bei seiner ersten Station in Deutschland, in Leverkusen. Als fußballbegeisterter Journalist wollte ich nicht über Ergebnisse, 4er-Kette und den üblichen Kram schreiben, der in jedem Sportteil zu finden ist – mich interessierte vielmehr das, was man kaum über die gefeierten Stars der Bundesliga erfährt: »Wie ticken die eigentlich wirklich – tief in ihrem Innern? Haben die Ängste und Probleme wie jeder andere Mensch auch, oder schweben die in einer anderen Sphäre?« Und die besagte Gretchenfrage nach Gott.

Einer meiner besten Freunde, Dirk Heinen – Zé Robertos Torhüter – hatte mich 1997 zu einem Bibelkreis in Leverkusen mit den Bayer 04 Fußballprofis eingeladen. Kein Witz! Allein die Tatsache, dass sich Fußballstars nach dem Training freiwillig zum Bibellesen treffen, hatte für mich als jungen Journalisten schon Pulitzer-Preis-Potenzial. So unglaublich, dass es mir bis heute immer wieder passiert, dass Fans, wenn ich sie mit dieser Tatsache konfrontiere, ungläubig den Kopf schütteln und an eine Erfindung der Bild-Zeitung glauben! Klasse!

Betet ihr eigentlich

# auch dafür, dass ihr gewinnt?

Nun, die prominenten Spieler der Bayer-04-Truppe, die sich an diesem Sonntagnachmittag zum Diskutieren über Gott, Bibel und Glauben zusammengefunden hatten, waren keine Fata Morgana, sondern real wie Madrid! (Wenige Monate später übrigens Gegner in der Champions League.) Eine kuriose Werkself der etwas anderen Art. Der legendäre Bayer-04-Kapitän Jorginho und Landsmann Paulo Sérgio – beide Weltmeister mit Brasilien 1994 – hatten diesen frommen Kreis einst gegründet, weil sie nicht zum Gottesdienst gehen konnten, sondern von Trainer Christoph Daum in sonntäglicher Frühe zum »Auslaufen« aufs Trainingsgelände gebeten wurden. »Dann eben Gottesdienst zu Hause«, hatte Jorginho den erstaunten Journalisten der Sportbild damals in ihren Kritzelblock diktiert.

An einem schönen Sonntagnachmittag sitze ich also erstmals mitten in dieser legendären Bibel-Kaffeerunde. Ganz nach brasilianischer Machoart haben die Spielerfrauen Merli, Sandra und Luciana Kuchen mitgebracht und brühen in Paulo Sérgios Designerküche heiß duftenden Café do Brasil auf. Während die sechs Bayer-Jungs in viel zu großen XXL-Sesseln herumlümmeln und gespannt zuhören, was der eingeladene Pastor Jo Heß als Diskussionsthema mitgebracht hat.

Es soll heute um die Bedeutung des Kreuzes gehen. »Warum musste Jesus sterben? Warum hat Gott entschieden – anders als zu Zeiten des Alten Testaments – sich selbst für unsere Vergehen und unser Versagen zu opfern? Warum kann man Gott nur dann entdecken, wenn man das Gottesbild eines Vaters verstanden hat?«

Der Pastor, einer der besten Freunde von Jorginho, verrät den passenden Bibeltext zum Thema: »Die Geschichte vom verlorenen Sohn« in Lukas 15, 11 – 32.

Ich staune, dass alle Spieler tatsächlich ihre eigenen Bibeln mitgebracht haben und nun im Neuen Testament blättern, um Lothar Matthäus – Markus Babbel – Johannes Baptist Kerner, aaah hier »Lukas« Podolski zu finden. Geflachst und gelacht wird sehr viel. Eine wirklich lockere, freche Runde. Und verblüffend bibelfest!

Ich erinnere mich, wie ich an diesem Nachmittag immer wieder spontan den Kopf schüttelte, weil ich nicht glauben konnte, was für eine bizarre Runde ich da vor mir sitzen sah. Zwanzig Jahre lang hatte ich nur Fußballer erlebt, die über »Raute«, »Doppel-Sechs« und »Räume zustellen« sprachen. Klar stehst du da leicht unter Schock, wenn du plötzlich miterlebst, dass Fußballstars auch schwache Menschen sind, die, wie jeder andere auch, eine Sehnsucht nach echter Liebe, nach Gott und nach Antworten für ihr Leben haben.

»Also lasst uns anfangen«, ruft Paulo Sérgio zur Aufmerksamkeit. »Das Gleichnis vom verlorenen Sohn.«

Reihum lesen die Spieler nun laut die Verse der Bibelpassage vor. »Ein Mann hatte zwei Söhne«, erzählte Jesus. »Eines Tages sagte der jüngere zu ihm: ›Vater, ich will jetzt schon meinen Anteil am Erbe ausbezahlt haben.‹ Da teilte der Vater sein Vermögen unter ihnen auf. Nur wenige Tage später packte der jüngere Sohn alles zusammen, verließ seinen Vater und reiste ins Ausland. Dort leistete er sich, was immer er wollte. Er verschleuderte sein Geld, bis er schließlich nichts mehr besaß …« Natürlich kann es sich an dieser Stelle Torwart Dirk Heinen nicht verkneifen, zu erwähnen, dass der Herr Mittelstürmer wohl auf bestem Wege sei, die Geschichte nachzuspielen, wenn er sich weiter so irre teure Luxus-Sportwagen anschaffe – alles grölt, und Pastor Heß legt noch einen drauf, indem er auf Paulos teure Rolex tippt.

Meine Herren – zurück zum Text …!

Die Diskussion beginnt. Alle sind beteiligt. Natürlich halte ich mich als Greenhorn zurück. Viele persönliche Geschichten gehen durch den Raum – von außergewöhnlichen Erfahrungen und Gebetserhörungen. Später wird sogar gesungen, mit spanischer Flamenco-gitarre, und am Ende gibt es eine Gebetsrunde, in der die Fußballer für ihre Kinder und Familien beten, für Genesung von Verletzungen und für Gottes Schutz für das nächste Spiel.

»Betet ihr eigentlich auch dafür, dass ihr gewinnt?«, frage ich Paulo Sérgio am Ende des göttlichen Kaffeeklatsches. »Bist du verrückt?! Wie soll das denn gehen?«, antwortet Paulo.

»Bei unseren Gegnern spielen Jungs wie Bordon, Kuffour, Asamoah, Cacau und viele andere Freunde – die sind doch auch Christen, was soll Gott denn mit so einem Gebet anfangen?!« Dabei rammt er mir gut ge-launt seine langen, braunen Finger in die Seite. »Hast recht«, entgegne ich, »stimmt, kann ja nicht jedes Spiel unentschieden ausgehen!«

In den kommenden Wochen bin ich Dauergast der »Heiligen-Grät-scher-Gäng«, wie ich diese verrückten Jungs für mich nenne. Irgend-wie lässt es mich nicht los, darüber nachzudenken, was dieser Gott denn mit meinem persönlichen Leben zu tun hat. Diese kuriosen Bibelrunden inspirieren mich dazu, Dinge in Frage zu stellen, die ich eigentlich schon abgehakt hatte.

# Irgendwann habe ich gemerkt,

Jedes Mal, wenn ich darüber nachdenke, merke ich, wie mein zweifelndes Gottesbild Stück für Stück langsam auseinanderbröckelt. Immer wieder stolpere ich dabei über diese beiden Fragen: »Warum ist das denen mit Gottes Liebe so wichtig? Warum nehmen die sich so viel Zeit dafür, mehr über Gott zu erfahren?« Meine Antwort darauf sollte ich einige Jahre später von Schalke-04-Kapitän Bordon auf besagtem São-Paulo-Trip bekommen.

Nachdem wir uns bei Zé Roberto verabschiedet haben, geht es weitere drei Stunden über die staubige São-Paulo-Autobahn nach Ribeirao Preto, »das Hollywood Brasiliens« genannt.

Unsere filmische Gottessuche führt uns in eine traumhafte Hazienda, die Marcelo Bordon für seine Eltern am Rande der Stadt zwischen zwei Weinbergen gekauft hat. Ich habe selten jemanden kennengelernt,

David Kadel

# dass mich mein Haus, mein Auto, die Frauen, mein vieles Geld

## nicht wirklich glücklich machen.

der so durchgeknallt und witzig ist wie Marcelo Bordon, aber gleichzeitig auch so tief gehende Gespräche mit einem führen kann – über Gott und den Sinn des Lebens.

Für den eisenharten Verteidiger ist Gott im wahrsten Sinne des Wortes Herzenssache. Bordon erzählt uns, wie er bereits mit 18 Jahren brasilianischer Nationalspieler war, ein Traumhaus besaß und dennoch nachts oft grübelnd wach lag – weil er sich fragte, warum er trotz Millionen auf dem Konto und Traumfrau an seiner Seite manchmal tief in seinem Herzen so traurig war.

»David, du fragst mich, warum ich an Gott glaube? Um es in einem Satz zu sagen, ich hatte ein volles Konto, aber mein Herz war leer. Irgendwann habe ich gemerkt, dass mich mein Haus, mein Auto, die Frauen, mein vieles Geld nicht wirklich glücklich machen. An diesem

São Paulo. Juni. 32 Grad. Die Frisur sitzt!!

25

Punkt meines Lebens habe ich zum ersten Mal kapiert, dass man nur durch Liebe glücklich werden kann. Gottes Liebe hat mein Denken komplett verändert. So etwas kannst du nicht kaufen, das musst du selber erleben. Das gibt dir Geborgenheit und Ruhe, tief in dir drinnen. Das ist es, warum ich auf dem Feld so stark bin – ich weiß, dass Gott mich liebt und immer bei mir ist!«

Rumms. Das saß! Während Marcelo uns einen faszinierenden und ehrlichen Einblick in sein Innenleben gibt, vergessen wir völlig, dass da eine Kamera läuft und wir einen Job zu tun haben.

Einige Monate später erleben wir sogar, wie Marcelo Bordon in der Nähe von Dortmund – dem sportlichen Erzfeind – vor 1200 Jugendlichen eine Predigt über Gottes Liebe hält, eine Erfahrung, die sein Leben verändert hat. Über eine Stunde lang, ohne Spickzettel, einfach so aus dem Herzen geschüttelt.

Es gibt einen Vers in der Bibel, der Marcelo Bordons Begeisterung für Gott sehr gut beschreibt: »Wovon dein Herz voll ist, davon läuft dein Mund über!« (Matthäus 12, 34).

Glauben ist Herzenssache – das ist es, was ich beim Produzieren des Films und in den vielen Gesprächen mit den Fußballjungs in den vergangenen Jahren für mein Leben gelernt habe. Sie haben es tatsächlich geschafft, mich mit diesem wunderbaren Herzensvirus anzustecken. Was sogar meiner Arbeit als Mentaltrainer immer wieder zugutekommt, denn dabei geht es mir darum, Spitzensportler nicht nur im Kopf zu motivieren, sondern im Herzen zu inspirieren, was ich für viel wertvoller halte. Witzigerweise heißt mein Coachingprogramm, mit dem ich in der Fußballbundesliga, im Tennis, Volleyball und mit der Leichtathletiknationalmannschaft arbeite: »H.E.R.Z.E.N.S.-Coaching«.

Diese besonderen Fußball-Bibelkreise gibt es inzwischen auch bei Schalke 04, Mainz 05, Werder Bremen und beim VfB Stuttgart. Die

Gespräche mit Jorginho, Paulo Sérgio, Dirk Heinen, Cacau, Bordon und Co haben mich damals sehr inspiriert und mein Gottesbild komplett verändert. Inzwischen lese ich selber auch regelmäßig in der Bibel und merke, wie ich durch das Beten zu Gott immer wieder ganz plötzlich Kraft und ein Lächeln ins Gesicht bekomme – etwas, das ich mir nicht wirklich erklären kann. Außer damit, dass es in der Geschichte der Menschheit wohl tatsächlich *einer* geschafft hat, von den Toten aufzuerstehen, dass er mitten unter uns lebt. Einer, den wir an Ostern dafür zu Recht feiern. Jesus!

Glauben ist Herzenssache

David Kadel, 44, ist der Mann mit den vielen Gesichtern: Ob als Motivationscoach für Fußballprofis, als seriöser N24-Talker oder als Kabarettist – der gebürtige Perser beherrscht gleichermaßen Komik wie Ernsthaftigkeit. Kadel lebt in Wiesbaden, singt für sein Leben gern und ist mit der Dolmetscherin Lydia verheiratet. www.davidkadel.de

# »ES IST EIN PROZESS, WENN MAN MIT JESUS LEBT«

Interview

**Wie ist Gott für dich?** Ich glaube eigentlich schon immer an Gott, soweit ich mich erinnern kann. Es gibt ja viele unterschiedliche Vorstellungen von Gott, aber ich glaube an den christlichen Gott, wie er in der Bibel beschrieben wird. Für mich ist bei Gott ganz stark das Väterliche wichtig, Gott, der Vater. Gott bedeutet für mich Liebe und Hoffnung, ich habe ein durch und durch positives Gottesbild. Er ist nicht so sehr der Bestrafer oder der Richter, deswegen hab ich auch keine Angst vor ihm.

**Bist du mit Gott aufgewachsen?** Ich komme aus einem christlichen Elternhaus. Auch wenn ich mich nicht mehr daran erinnern kann, haben mir meine Eltern schon als kleinem Kind aus der Kinderbibel vorgelesen. Ich war von klein auf bei Freizeitlagern vom CVJM und hab dort immer schon viel von Jesus und irgendwelchen Bibelgeschichten gehört. Die Jugendleiter vom CVJM waren oft Vorbilder für mich. So richtig im Glauben mit Jesus bin ich aber erst seit einem Jahr, da hab ich mich bewusst dazu entschieden, mit Gott zu leben. So ein richtiges Vorbild in Glauben hab ich nicht, es gibt aber schon Leute, bei denen ich es cool finde, wie sie leben. Das geht mir bei meinem Vater und meiner Mutter so. Letzte Ostern war ich in einem Jugendgottesdienst. Da war ein Pastor aus Kasachstan, der von seinem Nahtoderlebnis erzählt hat. Er war im Himmel und hat mit Jesus gesprochen. Dort hat er einen breiten Weg gesehen und dieser Weg führte in den Horizont. Aber er hat auch einen schmalen Weg gesehen, der in den Himmel ging. Auf dem breiten Weg waren sehr viele Menschen und auf dem schmalen Weg nur ganz wenige. Ich hab das überprüft und festgestellt, dass es auch so in der Bibel steht. Dann hat er gefragt, auf welchem Weg wir uns befinden. Er meinte, es gibt keinen Weg dazwischen, entweder man ist auf dem einen oder auf dem anderen. Da wurde mir klar, dass ich immer auf dem breiten gelebt habe, auch wenn es in mir eine große Sehnsucht gibt, auf den schmalen Weg zu kommen. Ich hab dann Gott gefragt: »Was muss ich tun, um auf den schmalen Weg zu kommen?« Als Antwort wurde mir auf einmal klar: Ich muss mein ganzes Leben Jesus geben. Das hab ich dann auch gebetet. Kurz danach hatte ich eine echt krasse Erfahrung. Es war, als würde ich plötzlich ein Stück vom Himmel erleben. Ein ganz tiefer Frieden kam auf mich, und ich habe, so glaub ich heute, seine unglaubliche Liebe für mich gespürt. Mir wurde klar, dass alle Fehler die ich mal gemacht habe, plötzlich weg waren. Ich hatte das Gefühl, als schwebte ich in der Luft. Dieses Erlebnis war für mich eine Bestätigung, dass es Gott wirklich gibt. Ich hab dann angefangen zu weinen, weil mich diese Sache so sehr berührt hat. Das war für mich der Auslöser und der Anfang, dass ich wirklich ganz mit Jesus lebe.

### Welche christlichen Feste sind dir wichtig? Hast du eigene Rituale?

Feste wie Weihnachten und Ostern sind wichtig, aber ich messe ihnen keine übermäßige Bedeutung zu. Es ist aber wichtig, mir immer wieder klarzumachen, was dort eigentlich passiert ist. Weil es so entscheidende Dinge sind, die man an den Festen feiert, ist es auf jeden Fall wichtig, sie auch immer wieder zu feiern. Und ich versuche, jeden Tag eine Zeit zu haben, wo ich bete und Bibel lese, das könnte vielleicht mal zu einem Ritual werden.

**Wie lebst du deinen Glauben neben diesem Ritual?** Mein Tagesablauf ist schon so, dass ich morgens und auch abends im Bett bete. Das ist eine wichtige Zeit für mich, besonders morgens. Diese paar Minuten, bis man in den Tag startet, brauche ich. Ansonsten bete ich immer, wenn es sich ergibt. Das passiert mehrmals täglich, eigentlich ziemlich oft. Immer, wenn mir irgendwas einfällt, das ich Gott sagen könnte, fang ich an zu beten.

Außerdem gehe ich in eine evangelische Kirche. In dieser Gemeinde hab ich schon ein paar gute Kontakte. Manchmal besuche ich auch den Gottesdienst einer freien Gemeinde in München, die sich ICF nennt. Der Leiter ist der Patenonkel von meinem Bruder. Manchmal klappt es nicht, dass ich dort im Gottesdienst bin, weil wir halt immer da hinfahren müssen. Dann gehe ich noch in den CVJM, den Christlichen Verein junger Menschen. Montags haben wir ein Mitarbeitertreffen, wo ich auch regelmäßig bin.

Gerade stecke ich voll im Abi und mir fehlt etwas die Zeit. Aber wenn ich mehr Freizeit habe, versuche ich, auch intensiverer in der Bibel zu lesen. Ich schreibe mir dann die Sachen, die mir wichtig sind, auf. Eigentlich ist es mein Wunsch, so etwas täglich zu schaffen, aber ich muss immer meine Trägheit überwinden.

Ich glaube übrigens auch, dass Gott schon mal mit mir gesprochen hat. Dabei hab ich noch nie so eine richtige Stimme gehört, aber ich erlebe es oft, dass mir Gott auf meine Fragen irgendwie antwortet. Dann hab ich plötzlich so einen Gedanken oder einen Impuls und ich spüre, das kommt jetzt von ihm.

**Erinnerst du dich an eine konkrete Situation, in der es dir so ging?**  Ich hab zwischendurch immer mal Gotteserlebnisse, aber die sind eher selten und immer ganz besonders, weil sie mich tief im Herzen anrühren. Ich erlebe Gott nicht jeden Tag. Manchmal spüre ich ihn im Gottesdienst. Allerdings immer anders, das hängt davon ab, wie ich mich gerade fühle. Ich hatte mal ein cooles Erlebnis: Das war so, dass ich Gott vorher sehr lange nicht mehr gespürt hatte, und es gab auch ein paar ungelöste Fragen. Ich habe dann zu Jesus gebetet, und mir kam plötzlich die Idee, dass Gott jetzt will, dass ich Musik höre. Ich hab den iPod angeschmissen und per Zufallsgenerator kam als nächster Song das Lied *Seelenheil* von Xavier Naidoo. Als ich dieses Lied gehört habe, war das wie eine Bombe, die bei mir einschlug. Jeder einzelne Vers passte auf meine derzeitige Lebenssituation. Ein paar meiner Fragen wurden durch den Text glatt beantwortet. Und vor allem wusste ich in dem Augenblick, dass Gott wieder da ist. Es war wirklich so, dass jeder Vers zu mir gesprochen hat, es hatte alles für mich eine Bedeutung. Wenn so etwas passiert, bin ich mir immer sehr sicher, dass es Gott ist, der zu mir redet. Es kann kein Zufall sein, dass der ganze Text wirklich so genau in meine Situation gepasst hat.

**Wie reagieren andere auf deinen Glauben?**  In der Schule war es am Anfang schwer, weil niemand dort wirklich an Gott glaubt. Außer einem guten Freund sind eigentlich alle ziemlich dagegen. Ich hab mich früher nicht getraut, dazu zu stehen, aber ich denke, seit mindestens einem Jahr wissen alle in der Stufe, dass ich Christ bin. Am Anfang kamen schon immer mal wieder ein paar blöde Bemerkungen, aber das war mir egal. Seit einiger Zeit versuche ich, Leute in den Gottesdienst einzuladen. Ich möchte gerne, dass auch meine Freunde mitkriegen, was für eine coole Sache es ist, an Jesus zu glauben, und dass es ganz anders ist, als sie sich das vielleicht vorstellen. Ich erlebe im Glauben mit Gott eine richtige Beziehung zu einem Gegenüber und nicht zu jemandem, der weit weg ist und dem man irgendwie gerecht werden muss.

**Hilft dir dein Glaube im Alltag?** Wenn ich Probleme habe, bete ich erst mal. Allein psychisch hilft mir das schon, denn ich weiß, dass Jesus da ist und mich unterstützt. Danach hab ich immer ein besseres Gefühl. Ich glaube auch, dass Jesus mich in der Schule unterstützt, denn in meinen Prüfungen hab ich ziemlich gute Noten, ohne dass ich dafür so viel tun muss. In der Anfangszeit der Oberstufe war ich ziemlich gestresst, aber nach ein paar Wochen hat sich das gelegt, ich bin viel gelassener geworden. Ich bete zum Beispiel, dass ich für die Prüfungen fit bin, mich konzentrieren kann und mir das Zeug, das ich gelernt habe, auch wieder einfällt. Ich bete aber nicht dafür, dass ich eine Eins schreibe.

**Wie gehst du mit Zweifeln um?** Eine richtige Glaubenskrise hatte ich noch nicht. Aber es gibt schon viele Fragen, die mich beschäftigen und auf die ich keine Antwort hab. Zum Beispiel die Frage, wie das mit anderen Religionen ist. Ich weiß nicht, ob wirklich jeder in den Himmel kommt und ob Jesus vielleicht auch noch in anderen Religionen ist außer im Christentum. Ich frage mich auch, ob mein Leben vorherbestimmt und ob alles von Gott geplant ist. Vielleicht geht es mehr um Möglichkeiten, die Gott einem gibt, und jeder muss sich selbst entscheiden.

Wenn etwas passiert, das ich nicht verstehe, denke ich immer, dass Gott sich schon etwas dabei gedacht hat. Ich habe mal auf einer Freizeit eine Andacht halten sollen. Davor hab ich die Bibelstelle gelesen, in der Jesus zu Petrus sagt: »Weide meine Schafe!« Petrus kriegt einen krassen Auftrag von Jesus, er muss Verantwortung tragen. Dabei ist mir bewusst geworden, dass für mich gerade das erste Jahr um ist, in dem ich wirklich mit Jesus unterwegs bin. Petrus war drei Jahre mit Jesus unterwegs, er hatte bestimmt auch Fragen und ist trotzdem drangeblieben. Was ich damit sagen will, ist, dass ich erst ein Jahr voll mit Jesus unterwegs bin und dass sich vieles einfach noch entwickeln wird, je länger und intensiver ich im Glauben dranbleibe.

Das Coole an der Bibel ist ihre Vielseitigkeit. Man kann Bibelstellen total oft lesen und entdeckt immer wieder neue Sachen. Es ist ein Prozess, wenn man mit Jesus lebt. Dinge verändern sich langsam, und einiges wird mir erst später klar werden und anderes vielleicht gar nicht. Es gibt schon Situationen, wo ich ins Zweifeln komme und denke: »Das kann doch nicht sein!« Aber das legt sich dann nach einer Zeit wieder.

Jonas, 17, macht gerade das Abitur.

Jasmin Tabatabai

# über Glauben und ABERglauben

## Glaube und Familie

Religion hat in meiner Familie eigentlich nie eine große Rolle gespielt. Obwohl ich als viertes Kind einer katholischen Deutschen und eines muslimischen Iraners im Iran geboren bin, war der jeweilige Glaube meiner Eltern im Alltag nur selten von Bedeutung. In der islamischen Welt kommt jeder Mensch automatisch als Muslim auf die Welt, und das war bei uns Kindern nicht anders.

Meine iranische Familie gehört zu den – gar nicht so seltenen – modernen Familien. Sie leben nicht strenggläubig, schon meine Großmutter war zum Beispiel nicht verschleiert, und viele von ihnen sind ins Ausland gereist oder haben sogar dort studiert. Ich habe das immer als großes Glück empfunden, denn es gab mir, vor allen Dingen als Mädchen, größere Freiheiten, die andere Mädchen aus traditionelleren Familien nicht hatten. Niemand in meiner Familie hat rituell gebetet (gläubige Moslems beten fünfmal am Tag) oder gefastet; wir aßen Schweinefleisch, die Erwachsenen tranken Alkohol, und die Frauen und Mädchen kleideten sich westlich. Selbst die deutschen Traditionen meiner Mutter wurden respektiert, und so feierten wir jedes Jahr Weihnachten und Ostern; mit Baum, Geschenken, Liedern und allem Drum und Dran.

Genauso selbstverständlich war es, dass meine Mutter und wir Kinder das persische Neujahrsfest Nouruz feierten, was – nebenbei bemerkt – kein islamisches Fest ist, sondern vor allem im iranischen Kulturraum zu Hause ist. Für uns Kinder war es natürlich herrlich, dass unsere Familie auch die christlichen Feste feierte. Dass vier kleine Moslemkinder unter dem Weihnachtsbaum *Oh, du fröhliche* sangen oder wir in den Krippenspielen der deutschen Schule als Maria oder Josef oder die Heiligen Drei Könige mitwirkten, war völlig normal in unserer Familie.

Mein Vater sagte immer: Es gibt viele Wege zu Gott. Er und meine Mutter schafften es, beide Glauben und Kulturen unter einen Hut zu bringen, und haben uns Kinder in einer Weise erzogen, die uns Toleranz ohne Zeigefinger gelehrt hat. Bis heute ist es mir deshalb nicht wichtig, welchem Glauben jemand angehört. Ich respektiere alle, so wie sie sind, und mir ist egal, ob jemand gar nicht oder tief und fest an Gott, persisch Choda, glaubt.

## Gott und Moral

Ich selbst glaube nicht an die Religionen, aber ich glaube absolut an Gott. Zumindest an so etwas wie ein höheres Wesen; eine Instanz oder Kraft, die außerhalb des menschlichen Ermessens und Begreifens liegt und an die man nur glaubt, die man rational aber nicht beweisen kann – ach, sagen wir doch einfach: Gott.

Auch ohne ständigen Verweis auf den Koran oder die Bibel haben unsere Eltern uns ein sehr starkes Wertesystem mitgegeben, das ich nun wiederum meinen Kindern vorlebe. Moral ist in unserer Familie deshalb wichtiger als Religion. Ganz einfache Dinge waren für meine Eltern wichtiger als das Aufsagen von Bibel- oder Koranversen: Lügen, betrügen, stehlen – das war absolut nicht okay. Das Ganze wurde uns aber nicht mit Gewalt eingetrichtert oder mit Strafen, sondern in ernsthaften, sanften Gesprächen. Die Erziehung meiner Eltern war anscheinend wirkungsvoll: Ich kann allen Ernstes bis heute nicht einmal schwarzfahren, weil ich sonst ein schlechtes Gewissen bekäme. Meinem Vater war vor allen Dingen wichtig, dass man ein guter Mensch ist. »Ja, Soundso ist ein berühmter und mächtiger Mann, aber ist er ein guter Mensch?«, »So, du möchtest also heiraten? Ist er denn ein guter Mensch?«, »Es ist egal, was alle anderen tun, wir werden so etwas nicht tun, denn ein guter Mensch tut so etwas nicht.«

Auch dieser Glaube, dass es wichtig ist, ein guter Mensch zu sein, hat sich bei mir und meinen Geschwistern eingeprägt.

So gesehen, genossen wir wahrscheinlich eine klassisch humanistische Erziehung, was nur möglich war, weil unsere Familie so modern und säkularisiert war.

Schon als Kind empfand ich einige Aspekte der Religionen als äußerst befremdlich: die permanente Androhung der Strafe und Verdammnis zum Beispiel, wenn man etwas Falsches tat. Auch wenn man nichts Falsches getan hatte. Meine große Schwester Asi erzählte mir immer wieder von einem Erlebnis aus ihrer Schulzeit, als ihr Religionslehrer vom Jüngsten Tag erzählte. Er malte diesen Tag, das Ende der Geschichte, in allen düsteren Einzelheiten aus und erzählte den verschreckten Kindern, dass der Himmel schwarz würde und es nichts mehr zu essen gäbe. Meine Schwester weckte daraufhin eines Nachts tränenüberströmt meine Eltern, um sie zu fragen, was sie denn getan hätte, dass der liebe Gott sie so bestrafen wollte, und vor allen Dingen fragte sie sich, was denn die Babys (mein Bruder und ich) getan hätten, sie seien doch noch unschuldig und hätten bestimmt keine Sünde begangen.

Auch als Erwachsene habe ich nie verstanden, welchen Zweck diese religiösen Horrorszenarien haben sollen. Warum soll man sich fortwährend schuldig und schlecht fühlen, um ein besserer Mensch zu werden? Als Kind habe ich vor allen Dingen nicht verstanden, warum sich die Religionen untereinander so streiten müssen. Wenn es nur einen Gott gibt, und darüber waren sich doch alle einig, warum streiten sich dann die Menschen darüber, dass nur »ihr« Gott der einzig wahre ist und die Art, wie sie ihn anbeten, die richtige ist? War das nicht wahnsinnig albern? Und woher wollte man das alles eigentlich so genau wissen? Und wenn man genau darüber nachdachte: Müsste das Gott eigentlich nicht wahnsinnig ärgern?

Richtig aufgehört hat dann der Spaß, als in meiner Heimat eine islamische Revolution losbrach und die Religion fortan maßgeblich die Politik bestimmte. Gottesstaat und so. Religion war von da an in unserer Familie nicht mehr nur Thema, wenn wir Feste feierten, sondern kam in Gestalt von bärtigen, finsteren Revolutionswächtern, die durch die Straßen patrouillierten und kontrollierten, ob sich vor allem die Frauen züchtig kleideten und auch ansonsten »gottesfürchtig« benahmen. Ich glaube das hat im Alter von zwölf Jahren mein Verhältnis zur Religion endgültig verdorben. Bis heute machen mir religiöse Fanatiker und alle Menschen, die glauben, im Besitz der einzig wahren und gültigen Wahrheit zu sein, Angst, und ich habe mir geschworen, jedes Land, in dem religiöse oder sonstige Fanatiker an die Macht kommen, sofort zu verlassen, so wie meine Familie damals nach der islamischen Revolution den Iran verlassen hat. Denn wenn es etwas gibt, an das ich seit dieser Erfahrung unbedingt glaube, dann ist es die absolute Notwendigkeit der Trennung von Kirche und Staat.

## Glaube und Aberglaube

Ein Aspekt von Glauben, den ich als Kind, aber auch heute noch sehr spannend finde, sind der sogenannte Aberglaube und die Gebräuche, die damit einhergehen. Iraner sind, wie eigentlich alle Orientalen, sehr

Manchen Europäer irritiert es, wenn er einem orientalischen Freund Komplimente für sein schönes Haus und seine hübschen Kinder macht und dieser sofort auf Holz klopft,

Jasmin Tabatabai

»Maschallah, Maschallah!« ruft

oder sich in die Hand beißt.

abergläubische Menschen. Fast schon legendär ist ihre Panik vor dem »bösen Blick«; dem Unglück, das ein »neidischer«, übelwollender oder sogar unbewusst missgünstiger Blick eines anderen über einen bringen kann. Lang ist die Liste der Dinge, die man tun kann und muss, um diesen abzuwenden: ausräuchern mit Weihrauch, Gebete murmeln, auf Holz klopfen etc. pp. Manchen Europäer irritiert es, wenn er einem orientalischen Freund Komplimente für sein schönes Haus und seine hübschen Kinder macht und dieser sofort auf Holz klopft, »Maschallah, Maschallah!« ruft oder sich in die Hand beißt. Er weiß ja nicht, dass zu viel Lob den bösen Blick anziehen kann.

Man kann diesen Aberglauben als unaufgeklärten Humbug belächeln oder man kann ihn als zu Unrecht verfemtes altes Menschheitswissen verteidigen. Tatsache ist, dass man schwer davon loskommt, wenn man damit aufgewachsen ist. Auch bei mir zu Hause hängen türkisfarbene Talismanaugen gegen den bösen Blick, die mir eine Freundin aus der Türkei mitgebracht hat, auch ich klopfe bei Lob sofort auf Holz und reagiere äußerst empfindlich, wenn mein Freund Andi »den Tag vor dem Abend lobt«. Zum Beispiel, indem er im Auto auf dem Rückweg von einer Reise, bevor wir sicher zu Hause angekommen sind, sagt: »Na, wer sagt's denn? Jetzt sind wir doch super durchgekommen.« Denn ich ahne: Zack! Nach der nächsten Kurve wartet bestimmt ein Stau, oder wir werden eine Autopanne haben, oder irgendein anderes Unglück wird passieren, und das nur, weil er sich zu früh gefreut hat und somit lauthals das Unglück heraufbeschworen hat. Meistens streiten wir uns dann darüber, er mit mir, weil ich so bescheuert abergläubisch bin, und ich mit ihm, weil er einfach nichts dazulernt.

Einen anderen Aberglauben, den ich ebenfalls nicht ablegen kann, ist der Glaube an den »schlechten Schritt«, also, dass manche Besucher Glück bringen und manche eben Unglück.

Ein heikler Aberglaube, denn er kann äußerst ungerecht sein, aber manche Erfahrung hat mich in diesem speziellen Fall bestärkt. Nehmen wir Andis französischen Freund Pierre, der nach über 20 Jahren mit ihm wieder Kontakt aufnahm und sich unaufgefordert nach Berlin einlud, um ihn nach all der Zeit mal wieder zu sehen: ein unangenehmer und besonders lauter Mensch.

Jedenfalls war es so, dass ab dem Moment, in dem Pierre seinen Fuß durch unsere Haustür setzte, die Katastrophennachrichten nicht abrissen. In Japan gab es das Monsterbeben, den Tsunami und die Atomkraftwerke flogen in die Luft, zwei gute Bekannte von Andi kamen bei einem Autounfall ums Leben, und mein Hausarzt rief mit beunruhigenden Nachrichten an, die sich dann später Gott sei Dank wieder entschärften. Entnervt grummelte ich meinen Freund an: »Also, die Iraner würden jetzt sagen, dein Freund hat Unglück gebracht, aber ich würde so etwas natürlich niemals sagen ...«

Natürlich war das gemein, und ich schämte mich auch ein bisschen für meine Gedanken, aber eigenartig war das Ganze schon. Ich konnte nicht aus meiner Haut: Krampfhaft hielt ich eine gewisse Grundhöflichkeit ein, schlug drei Kreuze, als der Franzose wieder abreiste, und überlegte allen Ernstes, ob ich zur Sicherheit nicht doch lieber das Haus ausräuchern sollte. Schließlich siegte der aufgeklärte Teil meines Wesens. Außerdem hatte ich gerade keinen Weihrauch da ...

## Der böse Blick

Manchmal gerät mein Faible für abergläubische Bräuche aber auch an seine Grenzen. Vor einigen Jahren besuchte mich eine israelische Bekannte in meiner damaligen Wohnung in Kreuzberg in Berlin. Während ihres Besuches wurde ein teurer Laptop, auf dem zudem viele persönliche Unterlagen und Fotos gespeichert waren, aus meiner Wohnung gestohlen. Das Zeitfenster, in dem der Diebstahl passiert sein musste, war so klein, dass es eigentlich nur einer meiner Nachbarn hätte sein können. Esra hatte sofort eine Erklärung parat, warum das alles passiert war: »Ist doch klar, Jasmin, der böse Blick!«, meinte sie. »Einer deiner Freunde oder Bekannten neidet dir etwas und schickte dir den bösen Blick, der den Diebstahl heraufbeschworen hat! Selbstverständlich hat das die arme Person nicht absichtlich getan. Sie hat es vermutlich selbst gar nicht mitbekommen.« Da war er wieder, der berühmte böse Blick. Alle meine orientalischen Alarmglocken schrillten laut los. »Oh, mein Gott! Und was mache ich jetzt? Kann ich jetzt überhaupt noch etwas tun?« »Schwierig, schwierig«, murmelte sie, während ich immer nervöser wurde. »Es ist reichlich spät, da hilft nur noch eins: Ich brauche ein rohes Ei und deine Unterhose.« »Meine Unterhose? Die ich jetzt gerade trage? Warum denn das?« »Frag nicht. Willst du, dass ich dir helfe, oder nicht?« Mir blieb nichts anderes übrig, als einzuwilligen. Ein bisschen eklig fand ich das Ganze schon, aber meine seit frühester Kindheit eingeimpfte Angst vor dem bösen Blick war größer, und außerdem war ich neugierig. Esra begann das Ritual, welches sie von ihrer Großmutter gelernt hatte, wie sie mir verriet. Sie wickelte das rohe Ei in meine Unterhose und versuchte, es an den spitzen Enden mit beiden Händen zu zerdrücken. Wer das schon mal versucht hat, weiß, dass das alles andere als leicht ist. Währenddessen musste ich ihr auf dem Boden gegenübersitzen und im Geiste nacheinander alle Namen von Freunden und Bekannten aufsagen, die mir einfielen. Nach jedem Namen drückte Esra jedes Mal zu. Schließlich, nach einer ganzen Weile, zerplatzte das Ei, direkt in die Unterhose rein, just als ich im Geiste den Namen meiner guten Bekannten Julia aufsagte. »Da!«, rief Esra begeistert, »sie war es! Sie hat den bösen Blick geschickt!« »Echt?«, meinte ich unsicher. »Kein Zweifel!«, wischte mein israelischer Besuch den letzten Rest meiner Zweifel weg. »Na, und was passiert jetzt?« »Jetzt schmeißen wir das Ei an der nächsten

Jasmin Tabatabai

Wegkreuzung weg, und damit ist der Bann gebrochen. Und du kannst ganz beruhigt sein. Deine Wohnung ist wieder sicher. Und wer weiß? Vielleicht taucht dein Computer auch wieder auf?« Also liefen wir runter und schmissen die glibberige Unterhose an einer Straßenecke in den Mülleimer.

Mein Computer tauchte allerdings nicht wieder auf. Und beruhigt war ich auch nicht. Kurze Zeit später zog ich sogar aus meiner Wohnung aus, denn die Vorstellung, dass einer meiner Nachbarn sich bei mir bedient hatte, behagte mir gar nicht. Auch zu Julia habe ich seitdem ein sehr merkwürdiges Verhältnis. Böser Blick hin oder her: Ich war ziemlich froh, als Esra nach ein paar Tagen abreiste. Eine Stimme in mir sagte, dass mein Laptop nicht Opfer von Julias bösem Blick geworden war, sondern von Esras Nachlässigkeit: In meiner Abwesenheit hatte sie beim Müllrunterbringen die Wohnungstür aufgelassen. Gesagt habe ich ihr das aber nie. Ich wollte ihren bösen Blick nicht riskieren.

Jasmin Tabatabai, 44, ist Deutschiranerin, Musikerin und Schauspielerin. Bekannt wurde sie durch ihre Rolle im Musikfilm *Bandits*. Für den Comicfilm *Persepolis* synchronisierte sie die Hauptrolle. 2010 erschienen ihre Kindheitserinnerungen aus Teheran unter dem Titel *Rosenjahre*, im Herbst 2011 ihr Musikalbum *Eine Frau*.

# »Wenn ich Gott spüre, fühle ich mich geborgen«

Interview

**Woran glaubst du?**   Ich glaube an Gott. Er ist für mich mein Helfer, mein Beschützer, mein Vater, mein Lebensbegleiter. Außerdem ist Gott für mich wie ein sehr guter Freund. Ich nenne Gott oft Papa, wenn ich zu ihm bete. Manchmal bete ich auch zum Herrn Jesus.

**Wie betest du?**   Das ist sehr unterschiedlich. Manchmal sind es nur Stoßgebete, dann aber auch wieder längere Gebetszeiten. Meine Mutter und ich beten jeden Abend zusammen vor dem Einschlafen. Mindestens einmal in der Woche bete ich auch ganz alleine für mich. Zum Beispiel, wenn ich ein gutes Erlebnis hatte, dann danke ich Gott dafür. Und wenn es mir schlecht geht, dann bete ich natürlich auch. Zum Beten brauche ich keinen festen Ort.

Ich versuche gerade, in einem Jahr die Bibel durchzulesen. Zurzeit lese ich jeden Tag drei Kapitel, gerade bin ich bei Jesaja 54. Dann unterstreiche ich Sachen, die mir wichtig sind, um mich daran zu erinnern. Die drei Kapitel schaffe ich in zehn Minuten.

Wir gehen mit der Familie jeden Sonntag in den Gottesdienst einer Freikirche. Zusätzlich gehe ich noch zum Konfagottesdienst, in eine andere Gemeinde. Aber wenn ich ein Basketballspiel habe, gehe ich dort meist nicht hin.

Es gab Situationen, in denen ich eine Antwort von Gott auf eine Frage brauchte. Oft antwortet er mir dann durch einen Bibeltext, manchmal auch durch andere Menschen oder durch Sachen, die im Gottesdienst passiert sind. So was ist dann für mich ein Reden Gottes. Einmal hab ich in einem Gottesdienst ganz doll seine Nähe gespürt. Ich tanze gerne, einfach so, auch im Gottesdienst. Ich habe dort einmal mit ein paar anderen für Gott getanzt, das war echt cool. Dabei komme ich eigentlich ziemlich schlecht aus mir raus, ich bin nicht der Mensch der einfach so lostanzt. Ich glaube, ich würde mich niemals in einer Disco auf die Tanzfläche wagen. Wenn ich Gott spüre, dann fühle ich mich geborgen und in Sicherheit.

**Wie bist du zum Glauben gekommen?**   Ich bin mit dem Glauben von klein an aufgewachsen. Meine Mutter hat immer schon geglaubt, aber dann gab es eine Phase, wo sie kurz aufgehört hat, zu glauben, und dann hat sie wieder damit angefangen. Ich hatte, als ich klein war, so eine Art Kinderglauben. Irgendwann bekam ich Zweifel, aber dann sind Sachen passiert, die meinen Glauben neue Kraft gegeben haben. Zum Beispiel sind nach meiner Taufe ein paar Dinge passiert, und ich hab ganz doll gemerkt, dass es Gott gibt. Mein Vater hat kurz nach meiner Taufe eine Arbeit bekommen, und zur gleichen Zeit hat sich meine Mutter mit meinem leiblichen Vater wieder vertragen. Und dann haben wir auch noch mit unserer neuen Wohnung einen Kleingarten bekommen.

Mein Bruder hat in diesem Jahr versucht, sich das Leben zu nehmen, das war sehr schlimm. Ich habe ihn in seinem Zimmer gefunden, er hatte versucht, sich zu erhängen. Der Notarzt konnte ihn wiederbeleben, aber er lag viele Tage im Krankenhaus im Koma. Als er dann heil aus dem Krankenhaus gekommen ist, wurde mein Glaube dadurch sehr gestärkt. Es ist ein Wunder, dass er das ohne einen bleibenden Schaden überlebt hat.

Ich habe mich da an eine Predigt erinnert. Der Pastor hat erzählt, dass eine Frau in der Gemeinde vor einiger Zeit auch im Krankenhaus lag, aber sie ist gestorben, obwohl viele für sie gebetet haben. Ich hab dann zu Gott gesagt: »Wenn du willst, dass er weiterlebt, dann tu ein Wunder! Ich wünsche mir so sehr, dass mein Bruder lebt!« Nachdem ich das gesagt hatte, fielen mir auch noch ein paar passende Stellen aus der Bibel dazu ein. Dann ist mein Bruder wieder aufgewacht, und selbst die Ärzte haben gesagt, es sei ein Wunder. Und er hat keine bleibenden Schäden davongetragen! Außerdem hat er uns versichert, dass das, was er getan hat, ein großer Fehler war und er es nicht wieder machen wird. Ich hatte Gott versprochen, dass ich, wenn er meinen Bruder leben lässt, ganz vielen erzählen würde, dass er ein Wunder getan hat. Ich hab es jetzt schon meiner Lehrerin erzählt und auch meiner Freundin. Und das, obwohl mir so etwas echt schwerfällt.

## Willst du, dass andere auch glauben, was du glaubst?

Ich möchte schon, dass andere Leute auch glauben, aber ich möchte sie nicht dazu zwingen. Jeder soll seinen eigenen Glauben finden und nicht meinen. Ich würde Leuten, die nicht glauben können, es aber wollen, raten, sich über den Glauben zu informieren. Man kann vieles machen, zum Beispiel mit anderen Christen reden, in der Bibel lesen, in eine Kirche gehen oder Freunde fragen, die an Gott glauben. Vielleicht sollte man sich einfach darauf einlassen und schauen, was dann passiert.

Interview mit Leonie Dorothea

**Gibt es etwas, was du an Religion nicht gut findest?** Was mich ganz doll stört, ist, dass sich die Religionen gegenseitig bekriegen, dass nicht respektiert wird, wenn man an etwas anderes glaubt. Man sollte sich damit auseinandersetzen, was die anderen glauben, und es nicht bekämpfen. Es wäre gut, wenn man über die andere Religion Bescheid wüsste, bevor man einfach sagt: Dein Glaube ist falsch! Ich glaube schon, dass meine Religion richtig ist. Trotzdem will ich alle anderen Religionen respektieren. Einmal ging die Frage durch unsere Klasse: »Glaubst du an Gott?« Ein Junge fragte mich und ich antwortete, dass ich evangelisch sei. Meine Freunde wissen, dass ich glaube. Eigentlich wissen es fast alle. Anscheinend merkt man, dass es so ist. Bei uns in der Schule gibt es keinen Religionsunterricht, der heißt jetzt Werte und Normen. Dort geht es um alle Religionen, aber auch um Moral, Gesellschaft und eben um Werte.

Manchmal trampeln die Leute aus der Klasse auf meinem Glauben oder auf dem Glauben der anderen herum. Einmal hat ein Junge sich über ein Mädchen mit Kopftuch lustig gemacht. Da hab ich gesagt, er solle das lassen. Dann meinte er: »Ach, du Jesus, geh mal zur Seite! Lass mich in Ruhe!« Ich fand das doof, aber dann hab ich mich mit meiner Freundin drüber unterhalten und auch mit meiner Mutter. Die meinten beide, das kann ich auch als Kompliment ansehen. Ich habe mich dann entschieden, so etwas nicht persönlich zu nehmen. Jetzt stecke ich das einfacher weg. Ich habe eine Freundin, die sich über Gott lustig gemacht hat. Sie meinte, dass Gott ein Arschloch ist. Wir waren dann mit der Klasse mal in einer Kirche, und sie hat die ganze Zeit absichtlich laut gegähnt und einen auf langweilig gemacht. Ich hab zu ihr gesagt, dass ich das nicht okay finde, dass ich daran glaube und dass sie das akzeptieren soll. Seitdem hat sie Respekt vor meinem Glauben und geht ganz anders mit mir um. Die Lästereien in meiner Klasse über Gott kommen immer wieder vor. Wenn so etwas passiert, hör ich dann einfach gar nicht hin und denke: »Ach Gott, vergibt ihnen, denn sie wissen nicht, was sie tun!«

### Wo hilft dir Gott im Alltag?

Gott hilft mir in der Schule. Wenn ich Gott nicht hätte, dann wäre ich nicht so gut in der Schule. Zum Beispiel war ich vor einer Mathearbeit einmal total aufgebracht und konnte mich einfach nicht konzentrieren. Dann hab ich gebetet und wurde plötzlich ganz ruhig und konnte die Arbeit schreiben. Bei Entscheidungen erlebe ich auch oft Gottes Hilfe. Es fällt mir so schwer, Entscheidungen zu fällen.

### Hast du Vorbilder im Glauben?

Ich habe auch ein paar Vorbilder, was meinen Glauben angeht. Einer davon ist mein Onkel. Aber auch in der Bibel gibt es Vorbilder, zum Beispiel Mose, David oder Salomo, die waren auch sehr mutig. Ich finde aber auch Missionare toll, dass die so mutig sind und in ein fremdes Land gehen. Ich würde das selbst nie machen, weil ich mir das nicht zutrauen würde.

### Zweifelst du manchmal auch?

Ich habe immer mal wieder Zweifel, wenn irgendetwas Doofes passiert. Aber meistens weiß ich, dass mir auch solche Situationen am Ende etwas nützen. Wenn zum Beispiel in der Schule irgendetwas Wissenschaftliches kommt, das gegen den Glauben an Gott spricht, können Zweifel in mir hochkommen. Neulich hat uns ein Lehrer vom Urknall und so erzählt, da hab ich schon einen Moment lang gezweifelt. Aber dann wurde mir klar, dass das nicht alles Zufall sein kann, was da passiert ist. Falls mich mal im Alltag der Zweifel packt, dann dauert das in der Regel nicht sehr lange, und ganz schnell ist er wieder weg. Ich erinnere mich,

Interview mit Leonie Dorothea

wenn das passiert, immer daran, was Gott schon alles für mich getan hat, an Situationen, in denen er mir geholfen hat. Dann ist der Zweifel wie weggeblasen.

## Welche christlichen Feste sind dir wichtig?

Es gibt ein paar regelmäßige christliche Feste, die wir feiern. Weihnachten ist mir wichtig, nicht nur wegen der Geschenke und der schönen Atmosphäre, sondern weil Jesus dort geboren wurde. Ostern finde ich auch wichtig, weil Jesus zu Ostern auferstanden ist. Er war ja vorher gestorben, aber an dem Tag ist er vom Tod zurück ins Leben gekommen. Generell sind mir Gottesdienste wichtig. Dabei gibt es auch Tage, an denen ich keine Lust auf den Gottesdienst habe. Ich gehe dann aber trotzdem hin, und oft sind sie doch ganz gut. Ich versuche, jede Nacht vor dem Ins-Bett-Gehen in der Bibel zu lesen, weil es mir so ein inneres Wohlgefühl gibt. Bevor ich einschlafe, bete ich auch jede Nacht mit meiner Mama. Da beten wir noch mal über den ganzen Tag, was alles so gelaufen ist.

Leonie Dorothea, 13, besucht die 7. Klasse.

# Heimat in Gott

## Der Glaube an Gott ist der Königsweg, erwachsen zu werden.

Glaube an Gott heißt für mich, in Gott Vertrauen zu haben. Im Glauben öffne ich mein Leben in eine Zukunft und in einen Halt hinein, der nicht von dieser Welt ist. Ich bin nicht in dieser Welt gehalten durch Evolution oder durch Biologie. Es ist umgekehrt: Weil ich von Gott gehalten bin, kann ich mich in dieser Welt voller Vertrauen aufhalten. Dabei stelle ich mir Gott wirklich vor als jemanden, der mich halten kann: Der dreifaltige Gott hat Liebesarme, die mich festhalten. Gott ist für mich kein Klotz, der irgendwo da oben vollkommen unzugänglich ist. Ich nenne Gott auch gerne »ewige Zuneigung«, »ewige Offenheit«,

»Einladung in ein Beziehungsgeschehen«. Er ist für mich Bewegung, Tanz. Er bewegt die Welt und mich darin. Ich kann mir Gott nicht statisch vorstellen, oben oder unten. Die Formulierung »Ich glaube an Gott« ist für mich zu statisch. Ich würde eher sagen »Ich liebe Gott«, »Ich vertraue Gott« oder »Ich vertraue mich ihm an«. Wenn ich das tue, werde ich dabei oft einfach mitgerissen. Ich sage immer »Ich habe einen hinreißenden Glauben«. Ich meine damit, dass ich an einen Gott glaube, von dem ich mich mitreißen lassen kann.

## Gott lässt nicht von mir

Mein Beten ist davon geprägt, dass ich weniger neue Gebete erfinde und mich mehr mitnehmen lasse in die Grundmelodie der Gebete der Menschheit. Ich bete seit über dreißig Jahren die Psalmen. Ich sauge sie geradezu immer wieder in mich hinein und hoffe, dass durch das Aufnehmen der biblischen Worte Gott selber bei mir anklopft. Auf diese Weise werde ich zu einer ganz eigenen »Bibel«, die Gott für die Menschen von heute schreibt.

Glauben ist nicht kompliziert. Der Glaube an Gott ist der Königsweg, erwachsen zu werden. Es geht darum, sich dieser wunderschönen Dimension menschlichen Reifens zu überlassen. Sie muss aber auch gepflegt werden. Wer an Gott glaubt, emanzipiert sich von der »Nuckel, Fress- und Saufkultur«, die uns durch unentwegte Werbung durch die Erregungskurven des Konsumierens treibt.

Auch wenn ich ein schweres Leid zu tragen habe, wenn ich am Boden zerstört bin und keine Kraft finde, aufzustehen, öffnet mir der Glaube eine andere Perspektive. Wenn ich in Gott verankert bin, frage ich ihn dann: »Was willst du mir damit sagen, dass derjenige krank ist? Was willst du mir damit sagen, dass derjenige stirbt? Was willst du mir damit sagen, dass ich diese Krankheit habe?« Aber auch die umwerfend schönen Dinge des Lebens eröffnet mir der Glaube, dass

# Gott ist mir paradoxerweise

## wenn er um mich weinen muss, weil ich irrerweise ohne ihn oder gar gegen ihn zu leben versuche.

ich weiterfrage, etwa: »Was willst du mir damit sagen, dass dieser Urlaub so schön ist?« Oder: »Warum beschenkst du mich mit diesem liebenswerten Menschen?«

Ich kann Gott und mein Leben nicht trennen. Vierundzwanzig Stunden bin ich mit Gott unterwegs. Er hat sich ausdrücklich durch die Taufe in mich eingenistet und sich mit mir verbunden. Ich bin selbst dann mit ihm unterwegs, wenn ich mich von ihm entferne. Auch den Weg in die Sünde, in die Sinnverdunkelung, in die Stunden der Versuchung geht er mit. Er lässt nicht von mir, auch wenn ich von ihm lasse. Das Kreuz Jesu zeigt mir das: Wo die Menschen Jesus, den Sohn Gottes, am meisten gehasst haben, da hat er am intensivsten geliebt: Vater, vergib ihnen, denn sie wissen nicht, was sie tun. Gott ist mir paradoxerweise dann besonders nahe, wenn er um mich weinen muss, weil ich irrerweise ohne ihn oder gar gegen ihn zu leben versuche.

dann besonders *nahe,*

## Wege zum Glauben

Ich habe Christsein auf Katholisch gelernt. Schon ganz früh haben mich die Gottesdienste angesprochen. Nach der Erstkommunion war es damals noch selbstverständlich, einmal im Monat samstags zur Beichte zu gehen. Mit neun Jahren wurde ich Ministrant, mit dreizehn las ich an drei Werktagen morgens in der Messfeier um 7:20 Uhr vor der Schule die Lesung und die Fürbitten vor. Die Bekehrung von dem gelernten, rituellen zu einem bewussten Glauben habe ich mit sechzehn erlebt. Auf einem Jugendwochenende ging mir auf, was die Taufe wirklich bedeutet: Bei der Taufe stirbt man in Christus, so heißt es in der Bibel. »Sterben in der Taufe«, so erfasste ich, heißt, dass meine biologische Herkunft, meine ganze Biografie an die zweite Stelle rückt; an die erste Stelle meiner Bestimmung tritt das Original, nach dem alle Menschen geschaffen sind: Jesus Christus.

Jesus, so leuchtete mir ein, ist für mich das Grundmuster, nach dem alle Menschen gestrickt sind. Er ist der *Logos*, sagt die Bibel, durch den sogar die Welt geschaffen wurde, damit darin Menschen leben, die Gottes Liebe in Freiheit leben und Gott mit Sinn und Verstand loben. Durch die Taufe wurde ich mit diesem Logos ausdrücklich verbunden. Diese Einsicht hat mich elektrisiert. Ich wollte ab diesem Moment nichts anderes mehr als Jesus, dem Gottessohn, der in mir lebte, verbunden sein. Eltern, Familie, Kirche, meine Freunde, die Welt, alles, was wichtig ist, prüfte ich, inwiefern darin Gott zu mir spricht. Mir ist an diesem Wochenende aufgegangen, dass ich eigentlich immer schon nur Jesus dienen wollte, und es kam mir fast komisch vor, dass ich das vorher noch nicht bemerkt hatte. Ich las nochmal ein Gedicht, das ich mit vierzehn an die Jugendzeitschrift 17 geschickt hatte:

# Vorbilder

Vor mir
Auf dem Boden liegt
Ein Spiegel
Vor Mir
An der Wand hängen
Bilder
Johannes XXIII
Mutter Teresa
Don Bosco
Franziskus
Das Kreuz
Werde ich
Den Spiegel jemals an
Die Wand hängen
Können

Ich erkannte, was mich bewegte: Franziskus von Assisi, der das Evangelium ohne jede Zutat leben wollte. Auch Papst Johannes XXIII., der das Papstamt sehr demütig ausgeübt hat. Später fand ich im Orden Vorbilder unter meinen Mitbrüdern. Zum Beispiel einen alten Koch, der einfach nur kochte und betete. Auch in der Gemeinde habe ich später solche kleinen Leucht-Menschen erlebt. Etwa die Frau im Dorf, über die mancher die Nase rümpft, weil sie »so fromm« ist, täglich in die Kirche kommt. Durch ihr Gebet ist sie aber ein großer Schatz für ihre Familie, für die Gemeinde, für das ganze Dorf.

Doch nochmal zurück zu dem einschneidenden Wochenende, das mich als Siebzehnjähriger für den beständigen Glauben öffnete. Mir wurde bewusst, warum ich ab vierzehn alle vierzehn Tage mit dem Fahrrad, später mit dem Mofa, zum Krankenhaus bei uns gefahren bin, morgens um sechs Uhr, um den ganzen Tag in der Pflege Freiwilligendienst zu machen: Jesus wollte sich in mir als der Heiland entfalten. Meine Freundinnen, die ich in der Zeit zwischen vierzehn und achtzehn hatte, haben mich alle nach kurzer Zeit wieder ziehen lassen. Sie merkten, dass ich mit ihnen über nichts anderes reden konnte als über den Glauben, über Gottesdienste, über die Ministrantengruppe, über die Kirche.

Mit achtzehn habe ich die Kapuziner kennengelernt. Als ich mit ihnen zusammensaß, wusste ich sofort: Das ist meine Heimat! Dafür bin ich geschaffen worden! Ich bin dafür geschaffen worden, ein Bruder für alle Menschen zu sein, einer, der ohne Eigentum leben will wie Jesus, auch ehelos und gehorsam wie er. Ich entschloss mich, wie Jesus leben zu wollen in der Art, wie es die Kapuziner tun. Das war für mich Entdeckung von Heimat. Mir wurde klar, dass ich nur dafür gemacht worden bin.

Ich lebe vierundzwanzig Stunden mit den Brüdern nur aus einem einzigen Grund zusammen: weil Gott uns zusammengerufen hat.

Diese Brüder sind mir verbunden und ich bin ihnen verbunden, weil wir glauben, dass Gott uns verbunden hat. Unser Zusammenleben ist für mich der Himmel auf Erden. Das bedeutet nicht, dass bei uns eine konfliktfreie Zone herrscht. Aber wir können auch Spannungen aushalten, weil Gott uns täglich neu ermutigt, neu anzufangen. Alle Brüder verdienen nichts in die eigene Tasche, wir geben alles, was wir erhalten, in die Gemeinschaftskasse. Mit ihr unterstützen wir unsere Brüder weltweit und können ihnen helfen, für die Armen da zu sein. Für mich ist mein Ordensleben der Anfang einer geglückten Globalisierung. Das ist für mich etwas sehr Tolles, es ist einfach schön.

## Neugier auf das Leben

Glauben kann man lernen, indem man das Leben lernt. Im Johannesevangelium steht: »Das Wort ist Fleisch geworden.« Man kann auch sagen: »Gott ist das Leben geworden«. Wer sich auf das Leben einlässt, wie es sich einem bietet, der ergreift den Weg zu Gott.

Jemand, der gerne glauben würde, aber nicht weiß, wie er es anfangen soll, sollte einmal ein paar verrückte Sachen tun. Er sollte zum Beispiel in den Sommerferien jeden Tag eine Stunde schweigen. Eine andere Idee wäre, morgens eine Stunde früher aufzustehen und den Tag in der Stille zu beginnen und sich nicht gleich mit Nachrichten zuzuballern. Oder man könnte etwas richtig Revolutionäres tun und für zwei Stunden bei einem sozialen Dienst tätig werden, vielleicht in der Bahnhofsmission. Wer nicht glauben kann, ist meistens nicht neugierig genug auf das wirkliche Leben. Es geht darum, Dimensionen des Lebens zu entdecken, die man noch nicht beachtet hat. Man kann auch versuchen, einmal alle Vorstellungen zu vergessen, die man darüber hat, was Glaube eigentlich ist. Ich vermute, dass die größte Arbeit, die Gott mit den Menschen hat, ist, falsche Vorstellungen von ihm zu beseitigen und ihnen klarzumachen, wie er wirklich ist.

Gott zu erfahren ist ein Wunsch, den man lieber nicht haben sollte. In der Bibel heißt es: Wer Gott sieht, muss sterben. Ich spreche lieber davon, dass Gott mir ständig Zeichen seiner Fürsorge schickt. Mein Gebet wird von ihm jeden Tag erhört, allerdings oft ganz anders, als ich das will, und auch nicht an dem Ort, wo ich das gerne hätte. Wenn jemand krank ist und ich für ihn bete, dann bitte ich natürlich um seine Heilung. Aber dass dieser Mensch gerade so geheilt wird, wie er und ich es uns wünschen, erwarte ich nicht. Ich kann Gott doch keine Vorschriften machen, dass er jetzt gerade mein Gebet so erhören muss, wie es uns logisch erscheint. Vielleicht ist es gerade nicht in seinem Plan. Das Thema »Gebet und was nützt dir das« ist mir sowieso sehr suspekt. Das ist so, als wäre man mit einem Menschen verheiratet und jemand fragt denjenigen: »Sag mal, nützt dir das was, dass du mit dem verheiratet bist?« Das wäre doch eine Frechheit.

Ich habe täglich Glaubensrituale, die mir ganz automatisch von der Hand gehen. Diese bestehen zum Teil aus regelmäßigen Gebetszeiten unserer Gemeinschaft, kleine Gottesdienste, die morgens, mittags und abends stattfinden. Fünfundneunzig Prozent davon sind Bibelworte, die wir da im Wechsel singen, beten oder vorlesen. Wir beten vor dem Essen und lesen gemeinsam die Bibel. Das kann jeder, wenn auch nicht in diesem Umfang, für sich daheim auch machen. Du könntest nach dem Aufstehen dich hinsetzen, eine Kerze anzünden und drei Minuten in der Bibel lesen. Das gibt dem Tag die richtige Richtung. Schrecklich, wie viele Leute ohne solche Rituale einfach aus dem Haus in die Arbeit stürzen.

Es gibt auch Phasen, in denen ich nicht so begeistert vom und für den Glauben bin. Das ertrage ich geduldig. Man muss nicht immer gut drauf sein in der Beziehung zu Gott. Ich vertraue darauf, dass er mich meinen Weg führt, auch durch die Zweifel. Aber dass ich daran zweifle, dass Gott mich meinen Weg führt, das hatte ich eigentlich noch nie.

Ich glaube, alle Religionen sind kulturell verabredete Formen, wie man sich für die Gegenwart Gottes öffnet. Ich wäre kein Christ, wenn ich nicht sagen würde, dass ich glaube, dass letztendlich Gott uns in Jesus Christus sein Innerstes geöffnet hat. Ich hoffe, dass das viele Menschen entdecken. Und das hoffe ich auch für andere Religionen. Gott, der in allen Religionen gesucht wird, hat in Jesus Christus den Menschen ein unüberbietbares, tolles Angebot gemacht. Ich bin nicht derjenige, der anderen vorzuschreiben hat, wie sie auf dieses Angebot eingehen. Ich kann nur von mir sagen, dass ich gerne darauf eingegangen bin.

Bruder Paulus, 52, trat mit 19 Jahren in den katholischen Kapuzinerorden ein. Seitdem hat er in verschiedenen Klöstern gelebt und gearbeitet. Aktuell ist er Leiter der Brüdergemeinschaft der Kapuziner in Frankfurt a.M., Radioseelsorger und Moderator von zwei Talksendungen zur christlichen Ethik.

# »Allah schickt uns andauernd Zeichen«

## Interview

**Woran glaubst du?** Ich glaube an Allah, an seine Bücher, an seinen Propheten, an seinen Koran. Allah ist überall. Er ist kein Junge oder ein Mädchen – er ist einfach ein Gott.

**Wie lebst du deinen Glauben?** Ich gehe in die Moschee. Fünfmal am Tag bete ich, und in der Fastenzeit faste ich auch. Das Beten hat viel mit Disziplin zu tun. Man braucht viel Zeit dazu und viel Disziplin. Man schafft das aber. Wenn man es will, dann schafft man das. Allah hat uns 24 Stunden gegeben, und eine Stunde davon macht insgesamt die fünf Gebete aus. Das ist nur eine Stunde, die kann sich jeder freihalten. Nach dem Gebet öffnet man die Hände und spricht zu Allah. Es gibt viele verschiedene Gebete: Ich bedanke mich, ich bete für irgendetwas, ganz unterschiedliche Sachen. Normalerweise bete ich zu Hause. Nur im Ramadan gehe ich nach dem Nachtgebet in die Moschee und bete da noch einmal. Dass man friedlich miteinander umgeht, das gehört auch zum Islam, und ein paar andere Regeln: Sex vor der Ehe geht nicht. Im Islam ist es so, dass man dann als dreckig dasteht. Das wär schon was Großes, das darf nicht sein. Dass man nicht alleine in einem Raum mit einem Mann ist, das gehört auch dazu. Samstags und sonntags geb ich den kleinen Kindern, von drei bis sechs Jahren, in der Moschee Koranunterricht. Ich bin andauernd in der Moschee.

**Bekommst du eine Antwort auf dein Gebet?**    Nicht durch Worte. Aber ich denke, man fühlt das. Wenn ich zu Allah spreche, merke ich in den nächsten Tagen, dass irgendetwas auf dem richtigen Weg ist. Das merkt man.

**Wie bist du zum Glauben gekommen?**    Ich bin so aufgewachsen. Seit ich drei, vier Jahre alt war, waren wir immer in derselben Moschee und sind da immer noch. Da, wo ich heute die Kinder unterrichte. Wir sind so aufgewachsen, und das kann man jetzt nicht einfach so weglassen. Meine Familie ist religiös, alle.

Ich war in der sechsten Klasse, als ich angefangen habe, das Kopftuch zu tragen. Das trägt man, damit man die Männer nicht reizt. Damals hab ich gesagt: Entweder jetzt oder gar nicht. Weil ich wusste, wenn ich älter werde, dass ich das bestimmt nicht wollen würde. Meine Schwester ging in die Zehnte und ich in die Sechste, und sie hatte kein Kopftuch. Ich hatte eins – und meiner Schwester fiel das viel, viel schwerer. Ich hab mir also gedacht, dass ich Schwierigkeiten bekommen könnte, wenn ich älter werde. Deswegen hab ich so früh angefangen, damit ich mich im Laufe der Zeit richtig gut daran gewöhne. Und jetzt kann ich mir das eigentlich nicht vorstellen, einfach mein Kopftuch wegzulassen. Das gehört dazu.

**Wie gehen andere damit um, dass du gläubig bist?**    In der sechsten Klasse, als ich angefangen habe, das Kopftuch zu tragen, da hat mal ein Junge gesagt: »Guck dir das Mädchen an, die hat ne Tischdecke über ihrem Kopf.« Da hab ich gesagt: Nee, davon lass ich mich jetzt nicht abhalten. Ich hab gesagt: Entweder trag ich das Kopftuch nie wieder, oder ich mach das jetzt für immer. Nur wegen eines Jungen kann ich das nicht sausen lassen. Einmal war ich mit meinen beiden älteren Schwestern unterwegs. Wir tragen alle drei Kopftuch, und da sagte ein Mann zu seinem Freund: »Das mit den Kopftüchern, das geht gar nicht.« Das konnte ich erst gar nicht glauben, der war bestimmt Mitte sechzig. Da hab ich gedacht: Ach, vergiss es einfach.

**Hast du Vorbilder in deinem Glauben?** Ich gucke mir immer Videos von Deutschen an, die zum Islam konvertiert sind. Mir ist aufgefallen, dass die religiöser sind. Deswegen guck ich mir sehr gern die Videos an. Zum Beispiel, warum sie als Frau ein Kopftuch tragen oder so, die erzählen das richtig schön.

Wir hatten letztens ein Programm in der Moschee, und da ist eine Frau gekommen. Sie ist eine Studentin, sie ist 24 Jahre alt, und sie ist mein Vorbild. Sie hat einen Vortrag über das Kopftuch gehalten, über das Leben im Islam allgemein, und das war toll. Es hat mich fasziniert, dass sie trotz der Probleme mit ihren Eltern das Kopftuch getragen hat und dass sie Arabisch nicht nur gelesen, sondern auch gelernt hat, sie kann auch ein bisschen Arabisch sprechen. Das sind so Sachen, da denke ich, wow, ich bin eine türkische Muslimin, ich bin als Muslima geboren, sie ist erst später mit 17 oder 18 konvertiert. Dass sie in so kurzer Zeit das alles gelernt hat, das ist wirklich toll.

**Willst du, dass andere auch glauben?** Meine Freundin, die eine Christin ist, meinte letztens, dass sie nicht an ihre eigene Religion glaubt. Da hab ich gesagt, dann komm und guck dir mal unsere an. Das hat nicht so gut geklappt, aber nächstes Mal nehm ich sie in jedem Fall mit in unsere Moschee. Dass ich versuche, andere Leute von unserem Glauben zu überzeugen, ist mir wichtig. Ich respektiere, dass die an etwas anderes glauben, aber dann erwarte ich, dass sie unsere Religion respektieren, und das tun sie auch. Wenn ich mich mit christlichen Mitschülern streite, dann hängt das nicht von der Religion ab, sondern nur von der Persönlichkeit, die sie mir gegenüber zeigen. Ich denke, jeder braucht etwas, woran er sich halten kann, jemanden, den er bitten kann. Oh bitte, Allah. Es ist großartig, wenn man einen Glauben hat. Man muss glauben. Allah schickt uns andauernd Zeichen. Dass wir auf der Erde sind, dass wir atmen, das sind Zeichen Allahs. Wie soll das alles entstanden sein, wenn man nicht glaubt, wie soll das denn sein, das alles, was Gott erschaffen hat? Wie kann man nicht daran glauben?

**Welche Glaubensfeste sind dir wichtig?** Ganz besonders der Ramadan und das Opferfest. Mein Papa war schon mal in Tansania zum Opferfest, um den Leuten da zu helfen. Im Ramadan darf man vom Sonnenaufgang bis zum Sonnenuntergang nichts essen und auch nichts trinken. Da merkt man schon, dass man Hunger hat. Man erfährt am eigenen Leib, wie das ist für die Leute in Afrika, die hungern. Beim Opferfest ist es so, dass man Geld sammelt. Dass man den Leuten hilft, Geld gibt für die armen Leute.

Fatma, 16, ist Schülerin.

Christine Göllner

# Schon in diesem Leben glücklich sein

Getauft bin ich zur evangelischen Christin. Mein Großvater väterlicherseits war Pfarrer, mein Urgroßvater mütterlicherseits auch. Ich selbst fühlte mich nie angesprochen von Religion. Ich verstand nicht, was der Glaube, der in der Kirche gepredigt wurde, mit mir und meinem Leben zu tun haben soll. Die Worte erreichten mich nicht, und ich gab mir auch keine besondere Mühe, daran etwas zu verändern.

Das Glück suchte ich zunächst in Äußerlichkeiten und Beziehungen. Für eine Religion gab es vorerst weder Notwendigkeit noch Platz. Als das Leben mir jedoch mehr und mehr zeigte, dass es nicht meinen Vorstellungen entsprechend verläuft, begann ich meine innere Haltlosigkeit zu spüren. In einem Kreislauf aus Hoffnung und Enttäuschung stellte ich mir mehr und mehr Fragen über mich und einen tieferen Sinn meines Lebens. Ich lernte, mir einzugestehen, dass etwas Entscheidendes in meinem Leben fehlte, dass ich eine ganze Menge Zweifel und Ängste in mir trug und immer wieder in Situationen geriet, die mich leiden ließen.

Ich spürte, dass sich etwas Grundlegendes in meinem Leben, vielleicht auch in mir, verändern musste, um meinem Leben einen echten Sinn zu geben. Wohin mich diese Ahnung führen würde und ob eine solche Entwicklung tatsächlich möglich ist, war ungewiss. Aber ich war optimistisch und verzweifelt genug, um die Suche zu beginnen.

## Nicht ich bin die Angst

Mein suchender Geist führte mich dann über viele verschiedene Stationen zum Zen-Buddhismus. Er sprach mich in seiner Klarheit und Einfachheit an. Die beinahe analytisch-rationale Nachvollziehbarkeit dieser Praxis gefiel mir und kam meinem kritischen Geist sehr entgegen. Ich hatte nicht das Gefühl, einer neuen Religion, sondern aus ganz rationalen Überlegungen einer Philosophie zu folgen, die mich theoretisch überzeugte und mir ganz nachvollziehbar die Aussicht auf ein glücklicheres Leben bot. Kurz gesagt: Begierden verursachen Leiden, und um mich von den Leiden zu befreien, musste ich meine Begierden loslassen. Ich fing an, täglich auf meinem Sitzkissen zu meditieren und meinen Geist zu beobachten – also einen Schritt zurückzutreten und wahrzunehmen, wie der Verstand einen Gedanken nach dem anderen produziert. Außerdem übte ich mich im Alltag in Achtsamkeit, indem ich versuchte, meine ganze Aufmerksamkeit auf das zu richten, was ich gerade tat. Mein Ziel war es, die Identifikation mit meinem Ego, das ständig will, bewertet, zweifelt, sich mit ande-

# Mein Leben war einfach wünschte, und der starke Wunsch

ren vergleicht etc., zu überwinden. Ich wollte eine innere Präsenz und Akzeptanz entwickeln, die es mir erlaubt, aus einem Zustand heraus zu leben, der tiefer geht und unabhängig von dem unablässigen Strom meiner Gedanken ist.

Durch meine zen-buddhistische Praxis und die Auseinandersetzung mit verwandten Lehren lernte ich eine ganze Menge. Der Weg führte mich nach innen, und ich lernte meine Gedankenkreisläufe und ihr Zusammenspiel mit meinen Gefühlen kennen. Immer häufiger gelang es mir, innezuhalten und wahrzunehmen, was ist. Wenn ich zum Beispiel Angst bekomme, kann ich heute besser erkennen, dass da etwas in mir ist, das Angst hat. Nicht ich bin die Angst. Das hilft mir, nicht aus einer Panik heraus zu reagieren, sondern innezuhalten und aus der Tiefe heraus zu handeln. Ich habe eine Idee davon bekommen, wie es sich anfühlt, vertrauensvoll in der Welt zu sein, ohne Angst vor Äußerem und Innerem. Ich weiß, dass ich mehr bin als meine Gedanken, und ich habe einen stabilen Ort in mir entdeckt, der schön, warm und sicher ist.

Christine Göllner

# nicht so, wie ich es mir

# nach Veränderung

# ließ nicht nach.

Nichtsdestotrotz fehlte mir auch nach jahrelanger meditativer Praxis eine entscheidende Hilfe im Umgang mit meinen ganz konkreten Problemen. Es gelang mir in der Meditation, Distanz zu meinen zweifelnden Gedanken einzunehmen und Ruhe einkehren zu lassen. Vor allem in der Abgeschiedenheit intensiver Meditationswochen, in denen die äußeren Einflüsse auf ein Minimum reduziert waren, gewann ich an Klarheit. Die Unzufriedenheit und starke Sehnsucht meines Herzens nahm sie mir jedoch nicht. Mein Leben war einfach nicht so, wie ich es mir wünschte, und der starke Wunsch nach Veränderung ließ nicht nach. Es wollte mir im Alltag einfach nicht gelingen, mich im Umgang mit den Herausforderungen des Lebens dauerhaft von meinem Ego zu distanzieren und glücklich zu sein. Die Diskrepanz zwischen dem, was ich mir wünschte, und dem, was ist, war zu groß, meine Gedanken und Gefühle und eben das Wollen zu mächtig, als dass ich von ihnen dauerhaft hätte ablassen können.

## Loslassen

Eine enge Freundin hatte zu dieser Zeit den Nichiren-Buddhismus der *Soka Gakkai International* für sich entdeckt und erstaunliche Erfahrungen damit gemacht. Über ein Jahr erlebte ich mit, wie sie sich durch ihre buddhistische Praxis sichtbar veränderte. Wie sie mit alten, miteinander immer wieder durchdiskutierten Problemen anders umging, entschlossen, aus schwierigen Situationen aktiv und mutig das Beste für sich und andere herauszuholen. So vieles schien für sie auf einmal von Bedeutung zu sein und ihre Aufmerksamkeit zu wecken, insbesondere Begegnungen mit anderen Menschen. In dem Maße, wie sie eine positivere Sichtweise und offenere Haltung entwickelte, schien sie an Lebenskraft zu gewinnen und sich auch ihre äußeren Umstände zu verbessern: Einige bislang unausgesprochene Konflikte zwischen ihr und anderen brachen auf und klärten sich. Durch ihre Offenheit entstanden neue interessante Kontakte und Möglichkeiten für sie. Meine Freundin wirkte auch in schwierigen Situationen kraftvoll und optimistisch.

Doch obwohl ich ihre positive Entwicklung sah, waren mir ihre starke Überzeugung und Begeisterung anfangs zu viel. Ich fühlte mich auf meinem Weg nicht ernst genug genommen, weil sie der Überzeugung war, dass auch ich vieles zum Positiven verändern könnte, wenn ich nur die Kraft des Nichiren-Buddhismus für mich nutzen würde. Ich kämpfte um meine Autonomie und Unabhängigkeit. Heilsversprechen schreckten mich ab, ich wollte es auf meine Art und Weise schaffen.

Ich wollte meine zen-buddhistische Praxis nicht einfach aufgeben, um mich einem neuen Weg zu widmen. Das erschien mir auf den ersten Blick zu leichtfertig. So lange hatte ich doch darum gekämpft, von meinem Wollen abzulassen und das Glück im gegenwärtigen Sein zu finden. Bei meiner Freundin schien dagegen alles ganz leicht zu gehen, und ich wollte nicht glauben, dass ein scheinbar so einfacher Weg et-

Christine Göllner

was mit dem wahren Wesen der Dinge gemein haben könnte. Doch als ich den Mut fand, mir einzugestehen, dass mein Herz noch immer nicht vom ersehnten Glück erfüllt war, ließ ich los.

## Die eigenen Wünsche ernst nehmen

Mir fehlte etwas, so viel stand fest, und ich wollte herausfinden, was es war. Also begleitete ich meine Freundin zu einer Gästeversammlung. Das ist ein monatlich stattfindendes Treffen von Nichiren-Buddhisten und interessierten Gästen, bei dem Erfahrungen miteinander geteilt werden und über den Buddhismus gesprochen wird.

Die Buddhisten, die ich dabei kennenlernte, waren vielleicht nicht alle glücklich, aber es beeindruckte mich, wie zuversichtlich und kraftvoll sie sich für ihr Glück und das der anderen einsetzten. Es war eine sehr lebendige und herzliche Zusammenkunft und so ganz anders als die mir vertrauten minimalistischen und streng strukturierten Zen-Abläufe, die ich in der Vergangenheit geschätzt hatte.

Am Nichiren-Buddhismus war vieles neu für mich, und ich war zunächst ziemlich irritiert. Bisher hatte ich mich doch in Gelassenheit geübt, um das Glück durch ein Aufgeben jedes Strebens und Wollens zu erreichen. Jetzt wurde ich ausdrücklich dazu ermutigt, meine Ziele und Wünsche ernst zu nehmen und mithilfe meiner Praxis zu verfolgen. Das konnte ich nur schwer in Einklang bringen mit dem, was ich bislang unter Buddhismus verstand. Ging es denn nicht darum, das eigene Ego – mit all seinen Wünschen und Bedürfnissen – zu überwinden? Zwar war mir das nicht gelungen, aber mein Leben nun einer hedonistischen Philosophie folgend weiterzuführen war für mich sicherlich keine Alternative. Da die Entwicklung meiner Freundin und auch der erste Eindruck der anderen Buddhisten jedoch keinerlei Hinweis auf eine egoistische und oberflächliche Lebensweise boten, entschied ich mich dafür, eigene Erfahrungen zu machen. Ich wollte

# Die buddhistische Philosophie basiert auf der Annahme, dass es weder

herausfinden, welche Bedeutung der Nichiren-Buddhismus meinem Leben geben kann, und dann für mich entscheiden. Also ließ ich mich darauf ein, denn so viel wusste ich bereits: Die Dinge durchdenken, von allen Seiten betrachten und immer wieder abwägen führt nicht weiter. Solange ich nichts davon in mich hineinlasse, mich nicht öffne, sondern alles über den Intellekt auf Abstand halte, bewegt sich in mir nichts, und ich selbst bewege mich auch nicht vom Fleck.

## Nam Myōhō Renge Kyō

Ich begann also, der buddhistischen Praxis zu folgen und täglich für die Erfüllung meiner Wünsche zu chanten. Unter Chanten ist die Rezitation, d.h. das laute Aussprechen, des Mantras *Nam Myōhō Renge Kyō* zu verstehen. *Myōhō Renge Kyō* ist der Titel des Lotus-Sutras und der sprachliche Ausdruck für das Lebensgesetz, das alles Leben im Universum durchdringt. *Nam Myōhō Renge Kyō* bedeutet frei übersetzt: »Ich widme mich dem mystischen, ewigen Gesetz des Lebens von Ursache und Wirkung.« Die buddhistische Philosophie basiert auf der Annahme, dass es weder Schicksal noch Zufall gibt. Jedes Ereignis ist Wirkung einer Ursache und gleichzeitig die Ursache für zukünftige

Schicksal
noch
Zufall gibt.

Wirkungen. Wenn ich mich also heute in einer bestimmten Situation befinde, habe ich weder Pech noch Glück gehabt. Vielmehr werden die Begebenheiten durch Ursachen ausgelöst, die ich in der Vergangenheit gesetzt habe. Das ist im Nichiren-Buddhismus jedoch nicht als Einladung zu verstehen, die aktuellen Umstände hinzunehmen. Es geht auch nicht wie in anderen buddhistischen Traditionen darum, sich aus dem Alltag in die Abgeschiedenheit zurückzuziehen. Auch muss nicht Leben um Leben der Meditation gewidmet werden, bevor alle Ursachen der Vergangenheit ausgeglichen sind.

Der Nichiren-Buddhismus ist nach vorne gewandt und verspricht vielmehr, dass es wirklich ausnahmslos jedem Menschen in diesem Leben möglich sei, glücklich zu werden. Egal, in welcher scheinbar noch so ausweglosen Situation man sich auch befinden mag. Denn jeder Mensch trage in sich die Buddhaschaft, also die Erleuchtung zur wahren Natur und zum grenzenlosen Potenzial des Lebens. Sie ist bereits in jedem Lebewesen vorhanden und braucht »nur« hervorgeholt zu werden. Indem dieser höchste Lebenszustand aktiviert wird, entsteht ein Zuwachs an Mut, Lebenskraft, Entschlossenheit, Weisheit und Mitgefühl, so lautet die Lehre. Dadurch kann das eigene Leben mit dem mystischen Gesetz von Ursache und Wirkung in Einklang gebracht und heute die richtige Ursache gesetzt werden, um in diesem Leben glücklich zu sein.

### Vertrauen in die eigene Kraft

Sehr schnell spürte auch ich den Mut und die Kraft, die entstehen, wenn ich meine Ziele und Wünsche ernst nehme und verfolge. Welche Lebenskraft freigesetzt wird, wenn ich meine Wünsche zulasse, mich dazu entschließe sie zu verwirklichen, und mir mein Glück zugestehe, ist immens. Glaube, Praxis und Studium dieser buddhistischen Lehre geben mir seither täglich aufs Neue den Mut, mich in die Richtung zu bewegen, in die ich in meinem tiefsten Inneren möchte. Das Chanten schafft in mir einen Raum, der alles für möglich hält und mich spüren lässt, was »richtig« ist. Es gibt mir den Mut, mein Wirken für bedeutsam zu halten – das Wissen darum, dass es einen Unterschied macht, ob ich dieses oder jenes tue oder sage oder nicht sage. Davon auszugehen, dass auch die kleinste Anstrengung sich lohnt, ermutigt mich zur Achtsamkeit und schenkt mir Zufriedenheit in dem, was ich tue.

Mein buddhistisches Gebet richtet sich dabei nicht an einen äußeren Gott, vielmehr aktiviere ich durch mein Chanten die mir – und jedem anderen Lebewesen – innewohnende Kraft, die uns alle im Kern miteinander verbindet. Durch diesen Zuwachs an Weisheit, Mitgefühl und Mut bin ich dann selbst immer besser in der Lage, die Herausforderungen des Lebens anzunehmen und zu meistern. So übernehme ich selbst die Verantwortung für mein Leben und mein Glück.

Ich sehe deutlicher, was zu tun ist, um eine »verfahrene Situation« in eine positive Richtung zu bewegen. Und ich kann meinen Mut dazu nutzen, Schwierigkeiten offen und ehrlich anzusprechen, um Konflikte aufzulösen und für Klarheit zu sorgen. Es ist also durchaus kein einfacher Weg, auch wenn es auf den ersten Blick so erscheinen mag. Durch meine Erfahrungen wird mir immer klarer, dass wahres Glück nicht durch äußere Bedingungen entsteht.

## Sorge tragen auch für andere

Erstaunlicherweise offenbarte sich mir auch in dieser zunächst »egoistischen Verfolgung« meiner Ziele, dass ich gerade dadurch achtsamer und mitfühlender im Umgang mit anderen wurde, sodass der Wunsch nach einem Glück entstand, das weit über mich selbst hinausgeht. Dieser Wunsch wird im Laufe meiner Praxis immer stärker und entspricht auch dem eigentlichen Ziel des Buddhismus Nichiren Daishonins: einen glücklichen und friedlichen Ort für uns alle zu schaffen. Darum entschließe ich mich, gerade wenn ich mich selbst voller Zweifel und kraftlos fühle, dazu, etwas für andere zu tun, und sei es nur ein freundliches Wort. Ich glaube, ein wirklich glückliches Leben ist nicht möglich, ohne dass man sein Leben einem wirklich hohen Ziel widmet.

Durch meinen Glauben an das Gesetz von Ursache und Wirkung spüre ich mehr und mehr, wie alles miteinander verbunden ist. Ich gewinne an Verständnis dafür, dass das Leben an sich mit all seinen Individuen letztlich eine Einheit ist. Durch meinen Respekt gegenüber anderen Lebewesen zeige ich Wertschätzung für mein eigenes Leben. Die Umsetzung dieser Einsicht ist natürlich leichter gesagt als getan, denn ich begegne auch Menschen bei denen mir der Glaube an ihre Buddhaschaft sehr schwerfällt. Es ist manchmal schwierig, nicht auf ihre Negativität zu reagieren und mich entschlossen darum zu bemühen, das Gute in ihnen anzusprechen. Der Nichiren-Buddhismus ermutigt mich aber dazu, auch das Unmögliche für möglich zu halten. So habe ich z. B. die Erfahrung machen können, dass auch schwierigste Beziehungen sich verändern können, wenn ich meine Haltung und mein Verhalten verändere.

Durch meine Praxis erfahre ich also eine tiefere Verbindung zu meiner Umwelt und das Glück, das es bringt, auch für andere Sorge zu tragen. Anfangs war es für mich schwierig, mich in die buddhistische Gemeinschaft zu integrieren. In Gruppen fühlte ich mich in der Vergangenheit häufig unwohl und hatte das Gefühl, mein Eigen-Sein aufgeben zu müssen.

Nun wird aber der Buddhismus Nichiren Daishonins überwiegend in der Gemeinschaft praktiziert. Man trifft sich zu monatlichen Gäste- und Gruppenversammlungen, zu Studienversammlungen, zu Versammlungen speziell für junge Frauen, junge Männer, Frauen, Männer

Christine Göllner

und so weiter. Heute ist dieser Gemeinschaftsaspekt zwar einerseits immer wieder eine Herausforderung für mich, andererseits aber vor allem eine Möglichkeit, mich und mein Leben wirklich zu öffnen. Ich lerne, Vertrauen zu anderen zu fassen, mir selbst zu vertrauen und mich auseinanderzusetzen, ohne mich selbst und die anderen dabei aus dem Auge zu verlieren.

Gerade in Momenten, in denen der eigene Lebenszustand schwach ist und Zweifel im Vordergrund stehen, ist die Ermutigung von anderen eine wichtige Unterstützung. Andere zu ermutigen stärkt wiederum den eigenen Lebenszustand. Für mich ist es ein großes Glück, zu so vielen verschiedenen Menschen aus der ganzen Welt Kontakt gefunden zu haben, die gemeinsam das Ziel einer glücklichen und friedlichen Welt verfolgen.

Christine Göllner wurde 1976 geboren und lebt in Frankfurt am Main. Sie ist diplomierte Betriebswirtin und Pädagogin. Ihr Interesse gilt humanistischen Ansätzen der Persönlichkeitsentwicklung. Derzeit unterstützt sie Menschen mit psychischer Erkrankung bei der Entwicklung persönlicher und fachlicher Kompetenzen im Rahmen beruflicher Rehabilitation.

# »Ich wollte eine klare Antwort«

## Interview

**Glaubst du an Gott?** Ich bin Christ und gehe in eine freikirchliche Gemeinde. Gott ist für mich so eine Mischung aus Vater und Freund, aber eigentlich mehr Freund als Vater. Ich empfinde ihn als einen liebenden Gott, dem man sich voll anvertrauen kann und der einem Sicherheit gibt.

**Wie bist du Gott begegnet?** Ich bin in einer christlichen Gemeinde und in einer christlichen Familie aufgewachsen. Deshalb hab ich immer alles gleich mitgekriegt. Das Problem war, dass ich Gott eigentlich nur aus Erzählungen kannte, aber ich hatte ihn selbst nie erlebt.

2008 war dann eine ziemlich schwierige Zeit für mich, ich hatte viele Probleme. Ich bin sehr dünn geworden, und viele haben behauptet, ich sei magersüchtig. Sie sagten immer wieder zu mir, ich sei krank und ich würde zu wenig essen. Sie sahen mich angeekelt an und meinten, ich sei ein Skelett. Das war wirklich schlimm, und ich fing an, mich für mein Aussehen zu schämen. Irgendwie dachte ich, alle Leute schauen mich die ganze Zeit an. Deswegen habe ich angefangen, an Gott zu zweifeln. Meine Zweifel, ob es Gott überhaupt gibt, wurden immer schlimmer. Schließlich hab ich zu ihm gebetet und gesagt: »Gott, gib mir ein Zeichen, dass es dich gibt!« Da kam aber nichts, und deswegen hab ich damit abgeschlossen und dachte: »Okay, dann gibt es eben keinen Gott.« Trotzdem bin ich weiter in die Gemeinde gegangen, weil ich es einfach so gewöhnt war und weil ich nicht wollte, dass jemand aus meiner Familie, von meinen Freunden oder von Leuten aus der Gemeinde merkt, dass ich gar nicht an Gott glaube. Im gleichen Jahr hab ich einen Flyer von einer Pfingstjugendkonferenz in die Hände gekriegt. Das ist eine riesige Veranstaltung, ähnlich wie ein Festival. Dort herrscht immer super Stimmung, man hört Predigten, singt zusammen Lieder, betet und hat einfach drei Tage lang eine tolle Gemeinschaft. Aus irgendeinem Grund hab ich beschlossen, dort hinzugehen.

Auf dieser PfiJuKo gab es einen Anbetungsteil, wo die Leute gesungen und gebetet haben. In dieser Zeit hab ich noch mal zu Gott geschrieen, er soll mir ein Zeichen geben. Ich war an einem Punkt angekommen, wo ich endlich eine Gewissheit brauchte. Ich wollte eine klare Antwort. Und er antwortete. Plötzlich habe ich eine Stimme in meinem Herzen gehört, und ich wusste, dass es nicht meine eigene ist. Das war Gott. Und die Stimme hat gesagt: »Du bist mein Kind, und ich liebe dich. Es ist mir egal, was die anderen über dich sagen oder über dich denken. Es ist egal, wenn sie sagen, du seiest magersüchtig, denn ich kenne dich. Es zählt nur das, was ich von dir denke, und ich liebe dich!« Das war sehr heftig für mich. Als er das zu mir gesagt hat, habe ich beschlossen, dass ich ab jetzt mit ihm leben möchte, weil er mich so unendlich und bedingungslos liebt und meinem Leben einen Sinn gibt. Ab dann wollte ich mit meinem Glauben ernst machen und hab mich vor einem Jahr taufen lassen. Ich bin immer noch nicht perfekt, ich habe immer noch das eine oder andere Problem, ich bin immer noch sehr dünn und bin auch sicherlich des Öfteren enttäuscht, dass ich kein so guter Christ bin. Das wird so bleiben, weil ich schließlich immer noch ein Mensch bin, aber ich habe die Gewissheit, dass Gott zu mir sagt: »Du bist mein Kind, und ich liebe dich.« Das ist das, worauf ich immer wieder zurückkomme, wenn es mir nicht so gut geht. Ich greife auf dieses Erlebnis immer wieder zurück, es ist wie ein Fundament.

**Hast du danach noch einmal gezweifelt?**  Es passieren ständig Dinge, die meinen Glauben erschüttern. Oft schleichen sich im Alltag Zweifel ein, wenn mir etwas unlogisch erscheint, also etwas passiert oder ich etwas in der Bibel lese, das ich nicht verstehe. Manchmal kommt dann die Frage in mir hoch, ob es überhaupt einen Gott geben kann. Ich hab mir angewöhnt, mich in solche Sachen nicht reinzusteigern. Wenn es ganz schlimm wird mit den Zweifeln, erinnere ich mich an diesen Satz, den Gott mir damals gesagt hat, und dann geht es wieder.

**Wie lebst du deinen Glauben?**  Ich geh regelmäßig in die Kirche bzw. in die Gemeinde und arbeite da auch mit. Sonntags bin ich im Gottesdienst oder in der Sonntagsschule. Donnerstags bin ich als Mitarbeiter im Teenkreis. Die Arbeit mit den Teens macht mir besonders viel Spaß. Ich lese nicht jeden Tag in der Bibel, aber wenn mich ein Thema beschäftigt, dann lese ich auch mal ganz viel, weil es mich interessiert, was darüber drinsteht. Ich bete regelmäßig abends, kurz vor dem Schlafengehen.

Aber meistens ist das nicht wie im Gottesdienst mit Händefalten und so, sondern ich liege einfach da und rede mit ihm über alles, was mich gerade beschäftigt. Wenn ich ihn anspreche, dann sag ich immer »Gott«. Rituale sollten keine zu hohe Bedeutung bekommen, aber ich finde es schon gut, wenn man zum Beispiel regelmäßig in den Gottesdienst geht. In meiner Familie beten wir vor dem Essen. Für mich resultieren aus meinem Glauben auch viele Überzeugungen bei anderen Dingen. Zum Beispiel beim Umgang mit anderen Menschen, da steht einiges in der Bibel zu. Ich finde es auch wichtig, an sich selbst zu arbeiten. Ich gehe mit meinem Glauben sehr offen um, ich mach da kein Geheimnis draus. Mein größtes Vorbild in Sachen Glauben ist meine Mutter, weil sie mir sehr ähnlich ist. Das meiste, was sie glaubt, empfinde ich ähnlich. Ich finde es beeindruckend, wie sie ihr Leben meistert.

**Wünschst du dir, dass andere auch an Gott glauben?** Ich bin grundsätzlich dafür, dass man es respektieren sollte, wenn Leute anders denken. Trotzdem denke ich natürlich, dass meine Religion die richtige ist, sonst würde ich schließlich an etwas anderes glauben. Ich habe viele Freunde, die Atheisten sind, aber wir können offen über unseren Glauben und unsere Meinung reden und uns auch, wenn wir sehr unterschiedlich denken, gegenseitig respektieren und akzeptieren.

Ich wünsche jedem, dass er an Gott glauben kann, weil es total guttut, jemanden zu haben, dem man vertrauen und auf den man sich immer verlassen kann. Aber das kann man niemandem aufzwingen. Manchmal lade ich Leute ein, mit in den Gottesdienst oder zu *Lifeline* (das ist ein Gottesdienst speziell für Jugendliche) zu kommen. Aber zwanghaft Leute bekehren, das mag ich nicht. Ich glaub auch nicht, dass es das überhaupt bringt.

### Gibt es etwas, das dir in deiner Gemeinde nicht so gut gefällt?

Was ich nicht so gerne mag, ist, wenn sich der Glaube nur an Ritualen festmacht und man sich an irgendwelchen unwichtigen Dingen aufhält, zum Beispiel ob in der Gemeinde englische Lieder gesungen werden dürfen oder nicht, denn es kommt nur darauf an, wie meine persönliche Beziehung zu Gott aussieht, alles andere ist nebensächlich.

### Bereitet dir dein Glaube manchmal Schwierigkeiten?

In der Schule ist es manchmal etwas schwierig, gerade mit so Themen wie der Evolutionstheorie und so. Aber ich hab beschlossen, mich einfach nicht provozieren zu lassen, sondern mir die Meinungen anderer in Ruhe anzuhören und dann die eigene Meinung zu erklären, ohne dabei den anderen zu verurteilen oder schlecht zu machen. Für mich ist Wissenschaft kein Gegensatz zum Glauben. Ich mag die Wissenschaft sehr und finde sie spannend und interessant, glaube aber, dass wir nicht alles mit unserem Verstand begreifen können.

### Hilft er dir auch manchmal?

Der Glaube hilft mir oft bei Kleinigkeiten. Kleine Wunder, die man schnell wieder vergisst. Wenn ich zum Beispiel Angst vor Klassenarbeiten habe, bete ich, und dann werde ich ruhig und kann die Arbeit gut schreiben. Wenn ich im Dunkeln nach Hause gehe, hab ich manchmal Angst, und da hab ich es schon oft erlebt, dass Gott bei mir war und mich beschützt hat.

Gott hat mich mal an Karneval für sich gebraucht. Da war ich mit dem Zug unterwegs, das ganze Abteil war voller angetrunkener Leute. Ich hab mich intuitiv neben ein Mädchen gesetzt. Plötzlich wurde das Mädchen ganz panisch und zitterte. Nachdem ich sie ein wenig beruhigt hatte, erklärte sie, dass sie totale Angst vor Betrunkenen hat. Ich hab sie beruhigt und den Arm um sie gelegt. Wir haben das Abteil gewechselt, und dann hab ich noch einen Studenten gefunden, der ihr weitergeholfen hat, als ich aussteigen musste. Für mich war das Gottes Führung. Schon als kleines Kind hatte ich Angst vor Hunden. Ich wusste zwar, dass die mir eigentlich nichts tun, aber ich habe trotzdem immer Panik bekommen, wenn ich einem begegnet bin. Anfangs habe ich mich damit abgefunden und versucht, den Hunden aus dem Weg zu gehen. Irgendwann wollte ich das aber nicht mehr, weil ich auch viele Bekannte und Freunde habe, die Hunde besitzen. Ich wollte diese Angst loswerden und hab mich bemüht, dagegen anzukämpfen. Das hat leider nicht funktioniert, aber ich habe gelernt, damit umzugehen. Ich hatte zwar noch Angst, aber ich habe versucht, damit zu leben. Und dann war die Angst plötzlich weg. Ich bin überzeugt, dass Gott mir die Angst genommen hat, und bin total glücklich und dankbar dafür.

Lissi, 17, ist Schülerin.

Wladimir Kaminer

# Das Leben DANACH

Eine christliche Zeitschrift fragte an, ob ich bibelfest genug wäre für ein Interview, ich wollte mich nicht blamieren. Mir fehlte jede Art religiöser Erziehung, ich stottere, wenn ich nach Judentum, Christentum, oder irgendeinem anderen -tum gefragt werde. Meine Eltern waren nicht einmal Atheisten, sie waren immer zu beschäftigt gewesen mit den alltäglichen Problemen des Seins und hatten von daher keine Zeit gehabt, sich mit den Fragen des Bewusstseins zu beschäftigen. Dafür hatten sie ohne Depressionen glücklich und ahnungslos vor sich hin gelebt. Wie blöd, sagte meine Großmutter, als sie mit 96 Jahren sterben musste. Sie hatte Revolution und Krieg überlebt, durfte nach dem Krieg mit zwei kleinen Kindern nicht in ihre Heimatstadt zurück, pendelte ein halbes Jahrhundert ohne festen Wohnsitz durch das Land, hatte zwei Dutzend verschiedene Arbeitsstellen und trug ein Dutzend Lebenspartner zu Grabe. Wie blöd, sagte sie, und wie schnell.

In ihrem Nachlass entdeckte ich zum ersten Mal volkstümlich-christliche religiöse Literatur. Wir blätterten mit Freunden die alten Bücher in der Küche durch. Viele komische Bilder waren dabei. Besonders lächerlich fanden wir die Hölle und das Paradies, die Hölle erinnerte uns an die russische Sauna, dort kochten die Sünder bei hohen Temperaturen. Auch das Paradies erinnerte lustigerweise an eine Sauna, wo schon gewaschene Sünder in weiße Tücher gehüllt auf der Suche nach ihren Hosen herumirrten. Unsere irdische Welt hatte wesentlich mehr Schrecken anzubieten als die gemalte Hölle in dem Buch. In dieser Welt schmorte jeder in seiner persönlichen Hölle und glaubte noch, er sei im Paradies. Und viele fragten sich, was dann? So kurz und bündig durfte das Leben doch nicht sein – wie ein spannender Krimi, der sich am Ende nicht auflöst.

Deswegen haben sich die Menschen aller Religionen bemüht, sich selbst ein anständiges Leben nach dem Tod in Aussicht zu stellen, ob als kochender Sünder oder als kleiner weißer Vogel oder als unsichtbarer Geist, egal wie, egal als was, Hauptsache es geht irgendwie weiter. Die Angehörigen des christlichen Kulturkreises haben klare Vorstellungen, wie ihr unsterblicher Geist nach dem Tod aussieht. In amerikanischen, europäischen, russischen Filmen wird er auf ähnliche Weise dargestellt. Wenn der Held im Film stirbt, kommt sein Geist aus ihm hervor, er sieht dem Verstorbenen verblüffend ähnlich, er hat dieselbe Größe, dieselbe Figur und sogar die gleichen Klamotten an. Der Geist kann alle sehen und hören, nur ihn sieht keiner. Eine Zeit lang ist er verwirrt, er kann nicht begreifen, was passiert ist, aber schnell findet

**Wie blöd,** sagte meine Großmutter,

sich der Geist in den Filmen zurecht und nimmt die irdischen Tätigkeiten des Verstorbenen wieder auf, er kann es nicht lassen, will entweder endlich mit seiner Witwe über die Liebe reden oder eine wichtige Arbeit, die er zu Lebzeiten immer wieder aufschieben musste, zu Ende bringen. Noch öfter geht der Geist in den Filmen auf Rachefeldzüge, er will sich an den Menschen rächen, die ihm den Tod brachten. Er nutzt seinen Vorteil, unsichtbar zu sein, und sät Angst und Schrecken unter seinen Feinden. Was macht aber der Geist, wenn er mit allen seinen Aufgaben fertig ist? Er kann nicht ein zweites Mal sterben, denn er ist bereits tot. In den meisten Filmen geht der Geist ins Licht, wenn er mit allem Irdischen fertig ist. Das Licht symbolisiert ein weiteres, überirdisches Leben in der Sonne, ein Paradies mit all-inclusive. Das ist natürlich ein protestantisches Bild der Erlösung.

Die Katholiken können nicht so einfach ins Licht gehen. Sie müssen die Zeit nach dem Tod und vor dem Himmel in einem speziell dafür eingerichtetem Zwischenraum ausharren, wo sie sich innerlich mit ihren Sünden auseinandersetzen, d.h. über all die verpassten Chancen, Gutes zu tun, grübeln und darüber, wie sie ihre kostbare Zeit auf Erden für nichts und wieder nichts verschwendeten, dem falschen Glitzer hinterherrannten, den Rücken zur Sonne drehten. Über alle versäumten Freundschaften, verratenen Liebschaften, verschmähten Kinder, verspeisten Kaninchen und zerdrückten Ameisen sollen sie trauern und auf die Großzügigkeit des Schöpfers hoffen. Das jüngste Gericht wird in Filmen so gut wie nie dargestellt, weil die Regisseure

# Das jüngste Gericht wird

wahrscheinlich ihren Zuschauern nicht vorzeitig die Laune verderben wollen. Im Selbstverständnis des russisch-orthodoxen Christentums kommt niemand sündenfrei davon, das ganze Leben ist eine einzige Versuchung, ein pausenloser Kampf mit dem inneren Teufel. Als Grigorij Rasputin, ein orthodoxer Wanderprediger und Herzensfreund der letzten russischen Zarin, von der Öffentlichkeit beschuldigt wurde, stark alkoholisiert mit mehreren Damen zusammen die Sauna besucht zu haben, erklärte er der Öffentlichkeit naiv, dies sei sein persönlicher Kampf mit dem Bösen, er würde auf diese Weise den Teufel in sich herausfordern. Sollte es ihm gelingen, die Damen in der Sauna trotz ihrer Nacktheit nicht anzubaggern, so habe er das Böse besiegt. Auf konkrete Nachfragen der Zeitungen, wie nun der Kampf mit dem Bösen verlaufen sei, antwortete Rasputin ausweichend: Dies sei ein Kampf auf Lebenszeit, vorläufig stehe es 5 zu 8 für den Teufel, aber er sei guter Dinge und festen Glaubens, die Situation in der Teufelssauna zu kippen.

Diese rasputinsche Sauna ist die russische Hölle, gleichzeitig das russische Paradies. Sie sagt: Lebt! Man muss nicht warten, bis man stirbt, um sein Verhältnis zur Welt zu klären. Zum Teufel mit dem Leben »danach«, lass uns in diesem Leben versuchen, fallen, leiden, aber nie aufgeben. Kein Geist, sondern Mensch sein.

Wladimir Kaminer

in Filmen so gut wie nie dargestellt,

weil die Regisseure

*wahrscheinlich*

ihren Zuschauern nicht vorzeitig
die Laune verderben wollen.

Wladimir Kaminer, 44, in Moskau aufgewachsen, kam
mit 23 Jahren nach Berlin. Privat ein Russe, beruflich
ein deutscher Schriftsteller, ist Kaminer die meiste Zeit
unterwegs mit Lesungen und Vorträgen.

# »Gott hat uns eine Verantwortung für diese Welt gegeben«

## Interview

**Glaubst du an einen Gott?**   Ja, ich glaube an Gott. Ich glaube, dass Jesus Gottes Sohn ist und dass es den Heiligen Geist gibt. Diese Sache mit der Dreieinigkeit, wie wir das von der christlichen Kirche her kennen, daran glaube ich auf jeden Fall auch. Gott ist mein liebender Vater, den ich anbete. Jesus ist Gottes Sohn, der als sein Stellvertreter auf die Welt gekommen ist. Durch Jesus werde ich frei von meiner Sünde, er ist der Weg zu Gott. Daran glaube ich.

**Wie hast du zum Glauben gefunden?**   Meine Eltern sind keine Christen. Die Einzige, die in meiner Familie glaubt, ist meine Oma. Mit ihr hab ich schon als Kind das Vaterunser gebetet. Später bin ich zur Konfirmation gegangen, aber nur, weil es ordentlich Geld gab. Ein paar Jahre nach der Konfirmation hatte ich nichts mehr mit dem Glauben zu tun. Aber dann ist eine Freundin von mir Christin geworden. Mit der hab ich nächtelang diskutiert. Es ging um den Glauben, aber auch um andere Themen wie Sex vor der Ehe, Kopftücher tragen und so. Gerade ihre Aussagen zu den letzten Themen fand ich als »linke Zecke« nicht so geil. Dann passierte aber etwas mit mir. Ich war in der Zeit auf

einer Maidemo in Hamburg. Es war eine richtige Straßendemo mit
dem Motto »Reclame the street« (Die Straße gehört uns). Ich war
voll dabei, aber dann kam die Durchsage, dass die Demo jetzt vom
Veranstalter abgeblasen wird. Einige Leute hatten Einkaufswagen
angezündet. Wir haben uns in ein Haus zurückgezogen und kamen
dort nicht mehr raus. Vor dem Haus gab es Krawall, und ich bekam
langsam Panik. Nach acht Stunden waren die Bullen kurz davor,
das Haus zu stürmen. Ich bin ja eigentlich nur ein Landei, und das
war definitiv zu viel für mich. Ich hab gebetet: »Gott, hol mich hier
raus!« Plötzlich kam eine Frau von der Hausinitiative und hat zu mir
gesagt: »Sie können jetzt rausgehen!« Wir konnten einfach so raus,
keine Anzeige, kein Platzverbot, nichts. »Okay, Gott, du hast gewonnen, jetzt leb ich mit dir!«, hab ich dann zu Jesus gesagt. Seitdem
bin ich Christ.

**Wie hat deine Familie und wie haben deine Freunde darauf
reagiert?** Es gab und gibt noch viele Diskussionen mit meinen
Freundinnen über den Glauben. Auch meine Eltern finden es
nicht so geil, dass ich jetzt Christ bin. Ich hab mich dann auf die
Suche nach einer Gemeinde gemacht. In der Stadt war eine Brüder-
gemeinde, aber ich hab mich dort nicht wohlgefühlt. Dann war
ich noch in einer Baptistengemeinde. Und dann hab ich von den
*Jesus Freaks* gehört und bin dort in einen Gottesdienst gegangen.
Bevor ich in den Raum ging, hab ich Gott um ein Zeichen gebeten,
das mir zeigen sollte, ob das jetzt meine Gemeinde wird. Ich sagte
zu ihm: »Mach, dass ein Punker da ist!« Und dann war ein Punk
aus Celle da. Seitdem bin ich bei den *Jesus Freaks*.

**Wünschst du dir, dass die anderen dasselbe glauben wie du?**
Ich würde nicht sagen: »Du darfst das, was du glaubst, nicht glauben!« Aber ich glaube halt etwas anderes. Ich würde mich natürlich freuen, wenn jeder dasselbe glauben würde wie ich. Wenn wir an Gott glauben, dann haben wir ein geiles Leben. Das wünsche ich jedem Menschen. Aber es ist seine freie Entscheidung.

**Wie lebst du deinen Glauben?**  Ich bete regelmäßig und habe auch andere tägliche geistliche Rituale, die mir wichtig geworden sind. Zum Beispiel lese ich jeden Morgen die Losung. Wenn ich aufstehe, will ich als Erstes Gott den ganzen Tag geben. Außerdem bete ich zwischendrin, wenn ich das Gefühl hab, dass es gerade passt. Wenn ich morgens meine Zeit mit Gott habe, dann gibt es dazu immer »Kaffee und Kippe«. Sonntags gehe ich in die Kirche zum Gottesdienst, um 16 Uhr. Es gehört für mich dazu, in einen Gottesdienst zu gehen und in Gemeinschaft Jesus anzubeten. Auch das anschließende Rumhängen und Kaffeetrinken ist mir wichtig. Ich brauche einmal in der Woche eine gute Predigt, am besten eine Schwarzbrotpredigt, die etwas gehaltvoller ist.

Manchmal merke ich Gott dadurch, dass Dinge einfach funktionieren. Letzte Woche war bei meinem Fahrrad das Tretlager kaputt. Ich habe gebetet, und plötzlich war es wieder in Ordnung. Oder wenn ich manchmal nicht rechtzeitig loskomme und mich voll beeilen muss: Dann macht Gott, dass alle Ampeln immer genau dann auf Grün schalten, wenn ich mit dem Fahrrad an die Kreuzung fahre. Das sind vielleicht Kleinigkeiten, aber die sind mir wichtig, auch wenn man sie oft übersieht. Für mich sind das eindeutig Zeichen, die Gott mir schickt. Es gab aber auch heftigere Sachen. Zum Beispiel lag eine Bekannte von mir im Koma. Die Ärzte wollten gerade die lebenserhaltenden Systeme abstellen. Kurz bevor sie das machen wollten, haben wir für sie gebetet, und dann ist sie plötzlich wieder aufgewacht. Ihr geht es jetzt ganz gut, und die neueste Nachricht ist, dass es wohl keine bleibenden Schäden geben wird. Als das passiert ist, hab ich auch nur dagestanden und gesagt: »Krass! Geil, Gott!«

**Fragst du Gott auch bei wichtigen Entscheidungen um Rat?**  Ja. Ich hab zum Beispiel vor einigen Jahren gefragt: »Gott, was soll ich jetzt machen?« Und dann war mir plötzlich klar, dass ich soziale Arbeit studieren möchte. Dafür brauch ich aber das Abi. Deswegen gehe ich jetzt noch mal zur Schule und hole das nach. Eigentlich wollte ich irgendwann auch noch mal in einen Bauwagen ziehen, dafür mach ich gerade den Führerschein. Falls das mit dem Abi nicht klappt, bewerbe ich mich um eine Ausbildung als Erzieherin. Ich glaube, Gott möchte, dass ich eine Sache erst mal fertig mache, das ist ja auch sinnvoll. Zum Beispiel meine Zähne, aber auch den Führerschein. Es ist total cool, Unterstützung von Gott zu erleben, zu spüren, dass man auf dem richtigen Weg ist. Ich finde es einfach gut, zu merken, dass Gott da ist und mich durch die ganze Scheiße durchträgt.

**Was sind für dich als Christin wichtige Werte?**  Ich achte darauf, wo ich einkaufe. Zum Beispiel versuche ich, mir Lebensmittel aus dem Bioladen zu organisieren. Ich hol mir aber auch oft Sachen, die von den Supermärkten schon weggeschmissen wurden. Wir nennen das *Containern*. Einer steigt nach Ladenschluss in die großen Müll-tonnen der Supermärkte und holt dort Lebensmittel raus, die abge-laufen sind. Vieles davon ist noch voll in Ordnung. Gott hat uns eine Verantwortung für diese Welt gegeben. Er hat uns gesagt »Macht euch die Welt untertan!« Damit hat er nicht gemeint, dass wir die Welt mal schön kaputt machen sollen. Er sagte auch nicht: »Baut ein paar Atomkraftwerke, raubt die Natur aus, züchtet Hähnchen in Fabriken.«

**Welche christlichen Feste feierst du?**   Ostern und Pfingsten finde ich sehr geil. Pfingsten wegen des Heiligen Geists und Ostern, weil Jesus da auferstanden ist. Auch Weihnachten ist mir wichtig, weil wir uns dann daran erinnern, dass Jesus auf die Welt gekommen ist. Wenn das nicht passiert wäre – das wäre wirklich scheiße. Aber Weihnachten ist so belastet damit, dass wir uns alle lieb haben müssen, und dann man nächsten Tag hassen wir uns wieder. Ich finde, wir sollten Weihnachten nur Jesus feiern und nicht irgendwelche Leute beschenken. Dieses Fest ist oft so falsch. Leute sagen sich, dass sie sich lieb haben, aber eigentlich ist das geheuchelt. Wir haben bei uns Weihnachtsgeschenke abgeschafft, wir sagen uns was Nettes, und abends gehe ich dann noch in die Kneipe. Vor allem denke ich aber an Jesus, weil er an dem Tag ja Geburtstag hat.

**Hast du schon einmal Zweifel erlebt?**   Es ist für mich ein Unterschied, ob der Glaube erschüttert wird oder ob jemand zweifelt. Erschüttert worden ist mein Glaube schon mal.

Vor drei Jahren hatte ich ein ziemlich doofes Burn-out. Das war schon so was wie eine Erschütterung im Glauben. Ich hab damals sogar wieder angefangen, Drogen zu nehmen. Ich wollte mich damit von den ganzen ätzenden Sachen ablenken, die gerade passiert sind. Es war alles zu viel, die Jesus-Freaks-Gemeinde leiten, hier einen Termin, da einen Termin. Dann gab es Leute, denen es nicht gut ging und die Probleme hatten, um die ich mich kümmern musste. Ich hab dann sogar für andere Bewerbungen geschrieben. Diese Zeit war nicht so toll. Ich würde sagen, dass ich mich zu 100 % davon noch nicht erholt habe, aber ich bin schon fast drüber hinweg. Manchmal passiert es mir, dass ich in meinen Gedanken festhänge. Ich komme in bestimmten Bereichen einfach nicht weiter. Dann frag ich Gott: Warum ist das so?

Ich stelle fest, dass jeder Mensch eine andere Prägung hat. Wenn man so eine Phase hat, in der man alles noch mal prüft, kann es schon vorkommen, dass man zu viel nachdenkt. Ich glaube, es ist wichtig, in so einer Situation einfach mal Stopp zu machen. Aber es passiert mir nie, dass ich so ins Zweifeln komme, dass ich denke: »Gott gibt es nicht.« Wenn ich Probleme hab, dann rede ich mit Gott darüber. Man kann ihm gegenüber ehrlich sein, er kennt einen. Manchmal bin ich auch sauer auf Gott und sag zu ihm: »Du Arsch, was soll das?«

Krümel, 28, hat eine Ausbildung zur Altenpflegerin absolviert, ihr Fachabitur nachgeholt und ein Studium der Evangelischen Religionspädagogik begonnen.

Alois Prinz

# Der Gott auf dem Holzbrett

Es gibt ein Leben, in das man durch Zufall hineingeboren wird, und eines, für das man sich entscheidet. So ähnlich ist es mit den Glaubensdingen. Man wächst auf in einem bestimmten Milieu und übernimmt wie selbstverständlich die religiösen Anschauungen, die darin herrschen. Daneben macht jeder bei der »Sache mit Gott« seine eigenen Erfahrungen.

### Der Ministrant
Mit neun Jahren wurde ich Ministrant. Ich war nicht besonders fromm, wollte auch nicht unbedingt Ministrant werden. Aber mein ältester Bruder war Ministrant gewesen und mein zweitältester auch. Und sie

hatten mir begeistert Geschichten davon erzählt, was man alles erlebt als Ministrant und dass man bei Taufen und Hochzeiten Geld bekommt und Kuchen. Außerdem wünschten es sich meine Eltern. Also wurde ich Ministrant.

Nach ein paar Wochen habe ich meinen Entschluss schon wieder bereut. Denn es war keineswegs aufregend, Ministrant zu sein, und die Nachteile waren weit größer als die Vorteile. Nicht einmal mehr am Wochenende konnte ich ausschlafen. Zweimal musste ich unter der Woche vor der Schule in die Kirche, um bei der Frühmesse zu ministrieren. Im Winter war es in der Sakristei, wo wir den langen Rock mit den Stoffträgern und das Chorhemd anzogen, dunkel und eiskalt, und ich war vom frühen Aufstehen so müde, dass ich beim Knien auf den harten Stufen vor dem Altar fast einschlief.

Auch was die Geschenke und das Geld anbetraf, war ich eher enttäuscht. Manchmal steckte uns ein Brautpaar ein paar Mark zu, die wir unter uns Ministranten aufteilten, oder sie gaben uns Süßigkeiten. Nach Beerdigungen durften wir beim Leichenschmaus dabei sein und bekamen ein gutes Essen. Das war aber schon alles.

Als es hieß, dass wir als Heilige Drei Könige herumwandern und Geld sammeln würden, erhoffte ich mir, endlich reich zu werden. Es war ein harter Winter, ich war unter den Sternsingern der Melchior, und wir stapften mit unseren langen Gewändern durch den Schneesturm bis zu den entlegensten Bauernhöfen. Halb erfroren und durchnässt sangen wir vor den Leuten unsere Lieder und schrieben mit Kreide »C+M+B« und die Jahreszahl auf die Haustüren, wozu, wussten wir auch nicht so genau, nur dass ein Haus dann das Jahr über vor Schlimmem geschützt sein sollte. Manchmal erbarmte sich eine Bäuerin. Wir durften unsere nassen Sachen über dem Kachelofen trocknen und bekamen heiße Milch mit Honig und frische Krapfen, bevor wir wieder weitermarschierten.

*Als es hieß, dass wir als Heilige Drei Könige herumwandern und Geld sammeln würden, erhoffte ich mir,*

Die Leute waren sehr freigiebig, und in unserer Schatulle, die wir sorgfältig auf unserem Schlitten hinter uns herzogen, häuften sich die Geldscheine. Ich war der Meinung, dass ich für diese harte Arbeit einen angemessenen Lohn verdient hatte, und nahm mir am Ende einen Teil aus der Schatulle und versteckte das Geld zu Hause in meinem Geheimfach. Als der Pfarrer davon erfuhr, bekam ich einen Tadel und musste das Geld »sofort« abgeben. Es gehöre der Kirche, sagte man mir, und es sei bestimmt für arme Kinder in Afrika. Das fand ich ungerecht. Was gingen mich die Kinder in Afrika an? Ich war selber arm und sparte seit Jahren für ein Fahrrad mit Fünfgangschaltung.

### Wallfahrt mit Pause
Im Sommer fiel mir das Ministrantendasein besonders schwer. Anstatt zum Schwimmen zu gehen oder Fußball zu spielen, musste ich in die

Alois Prinz

endlich REICH
zu werden.

Maiandachten oder bei Prozessionen mitmachen. Höhepunkt waren immer die Wallfahrten nach Altötting, einem Marienwallfahrtsort. Schon frühmorgens brach die lange Prozession auf. Ich ging mit dem Pfarrer und den anderen Ministranten an der Spitze des Zuges und musste ein Kreuz tragen. Es war ein heißer Sommertag, und in unseren langen Kutten schwitzten wir furchtbar. Das war noch erträglich, schlimmer war, dass ich auf halber Strecke immer dringlicher meine Blase spürte. Aber was sollte ich machen? Ich hatte den langen Rock an und trug das Kreuz.

Ich versuchte, mich durch lautes Mitbeten abzulenken. Das funktionierte nur kurz, und bald war meine Not so groß, dass ich bei jedem Schritt fürchtete, in die Hose zu machen. Irgendwann hielt ich es nicht mehr aus. Ich trat zur Seite, lehnte mein Kreuz an ein Verkehrsschild, raffte meine Kutte hoch, riss meine Hose auf und pinkelte erleichtert in den Straßengraben. Was ich nicht bedacht hatte, war, dass nur ich stehen blieb und alle anderen weitergingen, an mir vorbeizogen. Das war wie ein umgekehrter Spießrutenlauf. Und die Schläge waren die Kommentare, die ich mir anhören musste. Als ich fertig war, ordnete ich meine Kleider und rannte zur Spitze des Zuges, wo mir der Pfarrer einen bösen Blick zuwarf.

## Glück ...

Glaubte ich nun an Gott? Natürlich glaubte ich an Gott. Alle in unserem Dorf glaubten an Gott. Dass es Gott gab, war so selbstverständlich wie die Schule oder wie der große Kirschbaum im Nachbargarten. Selbstverständlich gingen fast alle Leute aus dem Dorf am Sonntag in die Kirche. Wer in die Kirche ging, gehörte dazu. Wer nicht ging, der war irgendwie sonderbar, mit dem stimmte was nicht. Allerdings war für mich die Kirche nicht unbedingt ein heiliger Ort. Meine heiligen Orte waren andere, zum Beispiel der Fußballplatz oder ganz besonders

Alois Prinz

der Bretterstapel im Hinterhof der Schreinerei meines Vaters. Die im Sägewerk geschnittenen Bretter waren zu einem mehrere Meter hohen Haufen aufgeschichtet und trockneten in der Sonne. Die Bretter waren verschieden lang und bildeten kleine Höhlen, in denen man sich gut verstecken konnte.

Am Freitag, nach der letzten Schulstunde, hatte ich nichts Eiligeres zu tun, als sofort in den Hinterhof zu laufen, und dort saß ich dann auf einem vorstehenden Brett. Das Holz war von der Sonne erwärmt und die Luft war erfüllt vom Geruch nach Holz und Harz. Oft saß ich da eine Stunde und länger, und ich weiß nicht mehr, was mir durch den Kopf ging oder ob ich überhaupt an etwas dachte. Es war einfach schön und ich war glücklich.

Dieses Gefühl, auf sonnenerwärmtem Holz zu sitzen, habe ich viel später beschrieben gefunden, und zwar in einer Komödie des Heimatdichters Ludwig Anzengruber. Hans, ein armer Steineklopfer, sitzt da am Straßenrand in der Sonne, und plötzlich ist ihm »inwendig« so wohl, als hätte sich das Sonnenlicht in seinem Körper ausgebreitet, und es kommt eine große Sicherheit über ihn, und er weiß: »Es kann dir nix g'schehn!«

Es kann dir nichts passieren – das war genau das Gefühl, das ich auch hatte auf meinem sonnigen Platz. Der Philosoph Ludwig Wittgenstein war als junger Mann tief betroffen von dieser Stelle in Anzengrubers Komödie, und er glaubte darin, wie er sagte, »die Möglichkeit der Religion« zu erkennen.

Nun, ich wusste nichts von Wittgenstein und auch nichts von der Theologin Dorothee Sölle, die davon überzeugt war, dass wir gerade in unserer Kindheit Augenblicke des intensiven Erlebens, Momente einer unumstößlichen Gewissheit erfahren, in denen wir dann spüren, was mit Gott gemeint ist. An Gott dachte ich nicht auf meinem Holzbrett. Ich war nur ganz da und die Welt war in Ordnung.

## ... und Sehnsucht

An verregneten Sonntagnachmittagen, wenn es im Wohnzimmer vor Langeweile nicht mehr auszuhalten war, lief ich in den Wald, ich setzte mich auf einen Baumstumpf und schaute zu, wie die dicken Tropfen von den hohen Tannen fielen. Auch da war ich glücklich, aber es war auch eine ungeheure Sehnsucht in mir. Glück und Sehnsucht gehörten zusammen. Eine Sehnsucht nach einem anderen Leben. Weg von hier.

Ich ließ mir von meinem großen Bruder ein Sofa bauen. Auf dem lag ich Nachmittage lang und träumte vor mich hin. Ich malte mir aus, wie es sein würde, wenn ich endlich aus diesem Dorf wegkäme. Welche Reisen ich machen werde, welche Länder und Städte ich besuchen werde, welch tolle Abenteuer auf mich warteten. Das waren Fantastereien, angetrieben allerdings von einer sehr realen Sehnsucht, die ich nicht loswurde und die mich fast zerriss.

Wenn ich nicht träumte, dann las ich. Ich entdeckte, dass ich nicht allein war mit dem, was mich bewegte, sondern dass es Verbündete gab, die genau so dachten und fühlten wie ich. Ein Hermann Hesse bestärkte mich darin, meinen eigenen Wünschen und Erfahrungen zu trauen und mich nicht einschüchtern zu lassen von den Meinungen meiner Eltern und meiner Lehrer. Ich erfuhr, dass es Leute gab wie Teresa von Avila, die auch meine Sehnsucht kannten und nur anders dazu sagten: Lockruf oder Lebenshunger. Und ich lernte den Philosophen Blaise Pascal kennen, für den es wichtiger ist, zu suchen, als fertige Antworten zu haben.

## Auf der Suche

So wurde ich ein Suchender. Und wenn ich an einen Gott dachte, dann war er verbunden mit dieser Suche. Vielleicht lag es daran, dass es mir so schwerfiel, über Gott zu reden. Die Glaubensbekenntnisse anderer machten mich nur verlegen. Es war ein stolzer und ein befreiender

Alois Prinz

Gedanke, den ich allen entgegenhielt, die von mir verlangten, an einen bestimmten Gott zu glauben: Gott gehört keinem, keiner hat ihn für sich gepachtet – nicht die Lehrer, nicht der Pfarrer und nicht der Papst. Er ist ganz anders. Vielleicht habe ich ihn wirklich schon erlebt auf meinem Holzbrett. Und wahrscheinlich wird er sich in Zukunft wieder anders zeigen, ganz anders, als ich es erwarte.

Ich habe später auch Vorlesungen in Theologie besucht. Was ich dort über Gott gehört habe, habe ich größtenteils wieder vergessen. Nur eine Szene ist mir deutlich in Erinnerung geblieben. Es war ein alter, angegrauter Professor, der in einer Vorlesung darüber sprach, dass Gott nicht nur die Welt geschaffen hat, sondern auch jeden Moment erhält. Offenbar war ihm dieser Gedanke so wichtig, dass er ihn immer wieder wiederholte. Und als er in den Gesichtern der Studenten nicht die erwünschte Begeisterung wahrnahm, stieg dieser alte Mann mühsam auf den kleinen Tisch vor ihm und breitete seine Arme aus wie ein Adler, der vom warmen Aufwind getragen wird. »Spüren Sie es! Spüren Sie es!«, rief er. Alle lachten über den gebrechlichen Professor mit den Schweißflecken unter seinen Achseln, der so verzückt schaute. Ich lachte auch. Aber ich wusste, was er meinte. Und ich dachte an mein sonnenwarmes Holzbrett im Hinterhof.

Alois Prinz, 53, arbeitete als freier Journalist, bevor er sich Mitte der 90er-Jahre entschied, sich ganz auf die schriftstellerische Arbeit zu konzentrieren. Er schreibt vor allem Biografien für Jugendliche und Erwachsene, so z.B. über die Philosophin Hannah Arendt oder den Apostel Paulus.

# »Gebet ist für mich ein Lebensstil«

## Interview

**Was ist Glaube für dich?** Glaube bedeutet für mich nicht, dass man irgendetwas vermutet oder hofft. Er ist für mich eine ganz feste Zuversicht, die auf Gott begründet ist. Gott ist für mich eine Realität, die ich erlebt habe. Ich versuche, in meinem ganzen Leben mein Vertrauen auf Gott zu setzen. Wenn ich von Gott rede, dann meine ich den Vater, den Sohn und den Heiligen Geist, so wie es der christliche Glaube lehrt. Dabei hat mein Glaube aber unterschiedliche Facetten, und er verändert sich ständig. Ich will eigentlich jeden Sonntag in den Gottesdienst gehen. Dann gibt es noch in der Woche so einen Hauskreis, wo sich Christen in einer Wohnung treffen, dort gehe ich auch regelmäßig hin. Im Alltag versuche ich dann, die Sachen, die ich im Glauben gelernt habe, umzusetzen. Wenn ich zum Beispiel gelernt habe, dass man seine Mitmenschen mit mehr Respekt behandeln soll, dann versuch ich das auch zu tun. Es ist mir zum Beispiel sehr wichtig, allen Menschen mit Respekt zu begegnen und niemanden zu verurteilen. Mit Leuten, die sehr krass am Rand der Gesellschaft stehen, hab ich keine Probleme, aber schon mal mit Leuten, die aus einem guten Elternhaus kommen. Obwohl es mein Ziel eigentlich ist, jedem Menschen den gleichen Respekt zu geben, egal, wo er herkommt.

**Du sagst, dein Glaube verändert sich. Kannst du ein Beispiel dafür nennen?** Ich denke, dass der Glaube an Gott sich auch immer in einer persönlichen Beziehung zu ihm ausdrückt. In dieser Beziehung möchte er dann manchmal, dass sich etwas verändert. Zum Beispiel war ich vor einiger Zeit in einem Gottesdienst, und da sagte jemand zu mir, Gott will, dass ich aufhöre, Drogen zu nehmen. Das hatten vorher auch schon Leute zu mir gesagt, aber diesmal war es anders.Seit diesem Zeitpunkt beschäftigt mich das sehr, und ich versuche, nicht mehr zu kiffen. Aber es gibt auch Bereiche wie zum Beispiel Sex, da ist Gott bei mir gerade nicht dran. Es kann sein, dass Gott mir dazu irgendwann mal was sagt, aber nicht zurzeit, vielleicht später. So lebe ich meinen Glauben. Ich ändere Dinge nicht, weil es in der Bibel steht oder Leute mir das sagen, sondern erst, wenn ich das Gefühl habe, Gott redet zu mir. Der erste Schritt zum Glauben ist, zu sagen: Ich hab Bock, mit dir zu leben! Es geht um eine Beziehung und nicht um das Einhalten von Regeln. Aus der Beziehung zu Gott wächst alles andere heraus.

**Was bedeutet Beten für dich?** Beten sehe ich nicht nur als ein Zwiegespräch mit Gott, es ist mehr. Es bedeutet für mich, im ständigen Kontakt mit Gott zu stehen und nach seinen Prinzipien zu handeln. Wenn ich einen Text schreibe, versuche ich dabei immer, im Kontakt mit Gott zu sein, auch wenn der Text nicht unbedingt von Gott handelt. Gebet ist für mich eher ein Lebensstil als eine Tätigkeit.

Es gab schon Momente in meinem Leben, wo ich mit Gott über bestimmte Sachen geredet habe und die dann auch im positiven Sinne eingetroffen sind. Aber ich finde es schwierig, ein wirksames Gebet nur an einer Gebetserhörung festzumachen. Gebet hat auch ohne das eine Auswirkung. Zum Beispiel stelle ich in bestimmten

Situationen manchmal fest, dass Gott mich selbst durch das Gebet positiv verändert hat und ich Menschen helfen konnte. Aber ich habe auch schon erlebt, dass Leute krank waren, und nachdem ich für sie gebetet hab, wurden sie wieder gesund. Etwas, für das ich oft bete, ist, dass Gott mein Leben verändert. Aber Gott ist kein Automat. Ich glaube zwar, dass Gott durch Gebete Wunder tun kann, aber ein Wunder ist für mich nicht immer eine Gebetserhörung.

**Ist deine Musik eine Art, zu beten?** Ich mache Rapsongs, und dort schreibe ich schon viel über meinen Glauben. In der Szene versuche ich, ein Gegenpol zu dem ganzen Gangstarap zu sein. Wenn Leute in den Texten andere abwerten, dann hat das oft mit einem gewissen Selbstbild zu tun, damit, dass sich der Musiker selbst nicht wertvoll fühlt. Ich möchte den Leuten vermitteln, dass es sich lohnt, Jesus in sein Leben zu lassen. Ich glaube, dass wir ein Selbstwertgefühl dadurch bekommen, dass wir den Schöpfer in unserem Leben haben.

**Liest du auch in der Bibel?** Da bin ich etwas zwiegespalten. Auf der einen Seite will ich, dass die Bibel eine Rolle in meinem Leben spielt. Trotzdem tut sie das nicht oder zumindest viel zu wenig. Ich tue Dinge meistens aus dem Bauch heraus und nicht, weil ich sie in der Bibel gelesen habe. Dabei will ich schon an das glauben, was in der Bibel steht. Das bedeutet also, dass dieses Buch nur in der Theorie eine Rolle in meinem Leben spielt, aber in der Praxis kann ich das leider oft nicht umsetzen.

**Wie bist du zum Glauben gekommen?** Ich bin in einem Elternhaus groß geworden, das man schon als christlich bezeichnen kann. Mein Vater war ein katholischer Christ, meine Mutter aber eine evangelische Christin. Weihnachten sind wir immer in den Gottesdienst gegangen und Ostern auch. Seit ich acht Jahre alt bin, war ich ständig in unterschiedlichen christlichen Gruppen aktiv. Ich hab sogar Blockflöte in der Kirche gelernt und war von klein auf in der Jungschar. Das ging ungefähr bis zur Konfirmation. Dabei hat dieser Glaube aber mein Leben nicht beeinflusst. Er war da, aber er hat mich kalt gelassen. Mit der Konfirmation war das kirchliche Leben dann vorbei, und kurze Zeit später hab ich mich sogar als Atheist bezeichnet.

Dann ist meine beste Freundin zum Glauben gekommen, als ich gerade 16 war. In der Zeit hab ich mich viel mit Buddhismus, aber auch mit Schamanismus, Esoterik und solchen Sachen beschäftigt. Irgendwann hat sie mich gefragt, ob ich nicht Bock hätte, mit in einen Gottesdienst zu kommen. Der Gottesdienst war dann der Hammer. Was mich dabei besonders beeindruckt hat: Ich bin dort mit unglaublich viel Respekt behandelt worden. So was hatte ich bis dahin nirgendwo erlebt. Man hat gemerkt, dass das nicht aufgesetzt ist, es war ehrlich. Die Leute hatten ein ehrliches Interesse an mir, ich musste nicht auf mich aufmerksam machen. Am Anfang war ich noch sehr kritisch und hab viele Fragen gestellt. Sie haben mir erzählt, dass sie nur versuchen wollen, das zu tun, was Jesus gesagt hat. In der folgenden Zeit hab ich mich dann mehr mit Jesus beschäftigt, und ich wollte wissen, ob dieser Jesus wirklich noch lebt.

An einem Tag hatte ich dann ein einschneidendes Erlebnis. Ich war auf einer Antinazidemo in Leverkusen mit ein paar Punks unterwegs. Alle waren voll auf aggro, es wurde viel gekifft und gesoffen. Dann hat sich die Situation zugespitzt, wir fingen an, Steine zu schmeißen. Am Ende des Tages war ich voll fertig, ich stand ganz allein am Bahnhof und hab nachgedacht. Ich dachte: »Das kann doch nicht sein, ich geh jeden Sonntag in den Gottesdienst, aber mein Leben dreht sich nur darum, Nazis auf die Fresse zu hauen.«

An diesem Tag hab ich gebetet: »Jesus, ich will nicht von Hass zerfressen werden! Ich will mit dir leben!« Einige Wochen später hab ich mich dann im Rhein taufen lassen. Seitdem bin ich mit Jesus unterwegs. Die Taufe war heftig, das Wasser war sehr kalt. Aber den Tag werde ich nie wieder vergessen. Seitdem ich an Gott glaube, kann ich definitiv sagen, dass ich weiß, warum ich lebe. Der Glaube hat mir gezeigt, dass ich nicht umsonst bin. Meine Eltern haben mich adoptiert, das bedeutet also, dass ich menschlich betrachtet eher ein Unfall war. Aber durch meinen Glauben wurde mir klar, dass ich gewollt bin. Ich bin nicht durch eine gigantische Aneinanderkettung von Zufällen entstanden, sondern weil Gott mich liebt.

### Wie hilft dir dein Glaube im Alltag?
Es ist nicht so, dass mein Glaube dafür sorgt, dass alles super läuft. Ganz im Gegenteil hab ich sogar durch meinen Glauben hier und da mehr Probleme als vorher. Trotzdem ist das wie ein roter Faden in meinem Leben, dass sich alle Sachen irgendwie am Ende doch zum Guten wenden. Und ich wehre mich dagegen, Glaube als Krücke zu betrachten, im negativen wie im positiven Sinne. Es gibt Leute, die brauchen den Glauben, um klarzukommen im Leben, aber es gibt auch Leute, die brauchen den Glauben, um die Scheiße auf Gott abzuwälzen.

### Welche christlichen Feste sind dir wichtig?
Früher waren christliche Rituale etwas Negatives für mich. Weihnachten ist ja vom Datum her ein heidnisches Fest. Trotzdem war ich, soweit ich mich erinnern kann, Weihnachten immer in einem Gottesdienst. Ich verbinde damit positive Sachen, es ist eine gute Tradition. Ostern ist mir auch sehr wichtig, vor allem von dem her, was dort inhaltlich vermittelt wird. Dort geht es ja um den Dreh- und Angelpunkt des Christentums, dass Jesus für unsere Sünden gestorben und dann

auferstanden ist. Ich kann über alles andere diskutieren, aber darüber nicht, das ist so passiert, und es ist mir superwichtig. Pfingsten ist aber auch ein wichtiges Fest für mich, das nicht die Aufmerksamkeit bekommt, die es verdient hat. Dort kam der Heilige Geist, und der hat für mich auch eine große Bedeutung. Vor dem Einschlafen führe ich oft ein Zwiegespräch mit Gott, und ich geh auch regelmäßig in Gottesdienste. Das sind Strukturen, die ich kenne und in denen ich mich gut bewegen kann.

**Wie gehst du mit Zweifeln um?** Glaube und Zweifel sind für mich nicht widersprüchlich, sondern etwas, das sich ergänzt. Glaube ohne Zweifel funktioniert nicht und Zweifel ohne Glaube auch nicht. An der Existenz Gottes hab ich nie mehr gezweifelt, aber ich hab schon immer mal wieder daran gezweifelt, ob Gott wirklich ein Interesse an meinem Leben hat. Es gab auch immer wieder Zweifel, ob das Bild, das ich von Gott habe, richtig ist und stimmt. Ich denke, das ist ein Zweifel, der gut, der angebracht ist. Es gibt einen Unterschied zwischen Zweifel und Verzweifeln. Verzweifelt bin ich noch nie, es ist in meinem Leben immer irgendwie weitergegangen. Ich denke: Solange ich lebe, lohnt es sich, zu leben.

Gebull, 23, ist Rapper, Musiker, Poet, Freestyle-Mcee.

Eckart von Hirschhausen

# GLAUBE versetzt

Warum Austreten
das Beste ist,
was man mit einer
Kirche machen kann

# GOTTESHÄUSER

Das wäre mal eine spannende Aufgabe für *Wetten, dass ..?*: Ich wette, dass ich den Raum von verschiedenen Kirchen mit verbundenen Augen unterscheiden kann, auch mit verschlossenen Ohren. Nur an der Atmosphäre. Der Skeptiker in mir ahnt, dass es schwierig würde, wenn bewiesenermaßen Menschen noch nicht mal Cola von Pepsi oder echten von eingefärbtem Rotwein unterscheiden können. Auch ein Versuch, heilende Hände zu spüren, ist grandios gescheitert. Mit verbundenen Augen war das Gespür, ob eine Hand über einen gehalten wird oder nicht, auf Zufallsniveau. Und doch habe ich in Kirchen den Eindruck, etwas spüren zu können von dem, was dort schon passiert ist, von all den Ritualen, Wünschen und Gebeten, die in diesem Raum mitschwingen. Und so fühlen sich Neubauten anders an als eine alte Kirche und ein Dom mit viel Durchgangsverkehr anders als eine Kapelle in Stille. Und man ist der Hand näher, von der man sich wünscht, es gäbe sie gleich zweimal: einmal über einem und unter einem, damit man nicht tiefer fallen kann als in sie.

Meister Eckart sagte sinngemäß: Wenn ihr glaubt, Gott in der Kirche näher zu sein als im Stall, liegt es nicht an Gott, sondern an euch. Das mag stimmen, und wenn Gott überall ist, kann man ihm auch nirgends näher sein als im Hier und Jetzt, egal ob in einem »geweihten« Haus oder im Hobbykeller. Von Manfred Lütz stammt die Beobachtung, dass es inzwischen mehr Mitglieder in Fitnessstudios als in Kirchen gibt. Aber vielleicht liegen die Bedürfnisse gar nicht so weit auseinander? Sind Kirchen nicht spirituelle Fitnesscenter? Orte, an denen man etwas üben kann, was einem dann die Kraft im Alltag gibt. Klar könnte ich auch zu Hause meine Liegestütze machen und beten. Aber wer bekommt das schon diszipliniert hin? Es ist um einiges leichter, wenn der räumliche Rahmen einen dabei unterstützt. Und wo zwei oder drei auch an den Übungen dran sind, bin ich lieber unter ihnen als allein.

### Tempel der Musik – Tempel der Stille

Die Staatsbibliothek in Berlin und die Philharmonie, vom gleichen Architekten Hans Scharoun entworfen, sind für mich »Kirchen«. Nicht umsonst wurde der Film *Himmel über Berlin* von Wim Wenders mit Bruno Ganz und Otto Sander in den weiten Hallen der Bibliothek ge-

> Wenn man mal im hat, versteht man plötzlich die Gleichnisse von Acker und Wein auch tiefer, als wenn man vom kleinen Senfkorn Hoffnung nur vom Singen weiß.

Weinberg geackert

dreht. Die Philharmonie – der Tempel der Musik, die Bibliothek – der Tempel der Stille. Die Atmosphäre ist »sakral«, heilig, weil Menschen dort ihr Heil suchen, in Musik oder Bildung, und das ist ihnen heilig. Ich habe über ein halbes Jahr auf meine ärztliche Vorprüfung gelernt, immer in der Staatsbibliothek. Immer morgens um 9 gleich vor der Tür, wenn die Pforten sich öffneten, feste Zeit für die Mittagspause, ein Gang in den Tiergarten, dann wieder zurück in die andächtige Stille. Es hatte für mich etwas von Klosterleben. Fester Rhythmus, in Gemeinschaft ohne viel Reden, mit Garten und Kreuzgang. Außer Sonntag.

### Die einfachen Kirchen

Die Kirche, die meine Jugend prägte, ist die Alte Dorfkirche in Berlin-Zehlendorf. An einer großen Straßenkreuzung der Bundesstraße 1 steht hinter alten Bäumen ein unscheinbarer Bau, der Kirche und Turm in einem ist. Der Baumeister war mit dem Geld kurz nach der Grundsteinlegung abgehauen, und so wurde diese Notlösung wie alle Provisorien sehr standhaft. Später kam noch eine große Gründerzeit-kirche dazu, aber mehr Charme hat bis heute die Dorfkirche, wo man eng aufeinanderrückt beim Gottesdienst, wo wir als Jugendliche Morgenandachten vor der Schule gefeiert haben und wo wir Theater und Konzerte erlebten, weil man so schön nah dran ist an allem. In der Dorfkirche steckt mehr Geist vom Stall in Bethlehem als im Dom.

### Lebendige Kirche, gelebter Glaube

Nicht so bekannt und viel kleiner als Taizé, aber von einem ähnlichen Geist getragen, ist die Comunità di San Masseo in Assisi. Ich hörte von ihr von einer Zugbekanntschaft, als ich mit Interrail in Italien unterwegs war. Neugierig fuhr ich gleich hin, lebte ein paar Tage dort mit und kehrte mehrfach zurück. Der Kern der Gemeinschaft ist eine

Eckart von Hirschhausen

uralte Krypta, die ein franziskanischer Pater wiederentdeckte. Die Kirche darüber war schon längst verfallen, aber er entstaubte dieses romanische Kleinod, baute Schlafsäle an und eine große Küche mit langer Holztafel und Ackerland drumherum, um den Städtern mal zu zeigen, was eine Harke ist – und wie man Tomaten pflanzt und erntet. Die Krypta war kühl, dunkel und dennoch ein Ort, wo man in einer Art auftanken konnte, wie ich es selten erlebt habe. Unvergesslich ist mir die Osternacht, in der wir in der dunklen Kapelle die Mitternacht mit viel Singen und viel Stille verbrachten, um dann hinauszutreten zu einem großen Osterfeuer, das die Nacht erleuchtete und wärmte und uns auch ein bisschen mit.

Diese Art, Sinn und Sinnlichkeit zu verbinden, wünsche ich mir öfter bei uns Protestanten. Da wurde Kirche lebendig, und wenn man mal im Weinberg geackert hat, versteht man plötzlich die Gleichnisse von Acker und Wein auch tiefer, als wenn man vom kleinen Senfkorn Hoffnung nur vom Singen weiß.

Unvergesslich aus San Masseo ist mir auch der Tag, an dem wir die selbst geernteten Weinreben auch keltern durften: ein großer Bottich voller Trauben und wir barfuß mittendrin, bis über die Knie im Saft stehend. Der Wein schmeckte furchtbar, trotz gewaschener Füße, aber das war egal – er war autark entstanden und daher auch autark gegenüber Geschmacksvergleichen.

## Kirche ohne Kirche

Im Zug nach Assisi lernte ich noch einen Freund fürs Leben kennen, den Brasilianer Adriano Martins, der sich zusammen mit Frei Luis seit Jahren engagiert, um einen der größten Flüsse des Landes vor der Katastrophe zu retten, den Rio San Francisco. Ich besuchte ihn und lernte einen weiteren ungewöhnlichen Kirchenraum kennen: das Meer. Um die Anwohner des Flusses und die Politiker der einzelnen Bundesstaaten

Wir betreten die Kirche
in dem Moment, wenn wir
aus ihr heraustreten.

ODER für etwas ein.

Eckart von Hirschhausen

zu sensibilisieren, pilgerte eine kleine Gruppe den gesamten Fluss-lauf entlang, von der Quelle bis zur Mündung. Sie erreichten damit im wahrsten Sinne einen Wechsel der Perspektive. Hatte bisher jeder Fischer, jede Stadt und jedes Bewässerungsprojekt nur ihren Abschnitt des Flusses wahrgenommen und gedacht: Es ist egal, was ich an Was-ser und Fischen entnehme oder an Abwässern reinkippe, so entstand erstmalig ein Bewusstsein für die ökologischen Zusammenhänge von Staustufen, Armut und Fischsterben. Zum Abschlussgottesdienst war ich eingeladen, lief einige Kilometer mit, und wir feierten am Strand der Mündung. Eine kleine Flasche Wasser hatten die Pilger an der Quelle abgefüllt und den ganzen Weg mit sich getragen. Begleitet von einem Lied und einem Tanz gaben sie die Flasche herum, jeder konnte sehen, wie rein das Wasser einmal gewesen war, und dann gaben sie das Wasser ins Meer, das für einen Moment ein kleines bisschen rei-ner wurde. Und alle, die daran teilnahmen, wussten: Der eigentliche Kirchenraum ist der außerhalb der Kirche. Wir betreten die Kirche in dem Moment, wenn wir aus ihr heraustreten. Oder für etwas ein.

Dr. Eckart von Hirschhausen, 44, studierte Medizin und Wissen-schaftsjournalismus. Er ist seit über fünfzehn Jahren als Komiker, Autor und Moderator tätig, aktuell tourt er mit seinem Bühnen-programm *Liebesbeweise*. 2008 gründete er seine eigene Stiftung *Humor hilft heilen* für mehr gesundes Lachen im Krankenhaus.

# »Voll schön der Tag heute, Jesus!«

## Interview

**Woran glaubst du?** Ich glaube, dass Gott die Menschen geschaffen hat, um ein Gegenüber zu haben. Er will eine Beziehung zu den Menschen. Gott ist deswegen in Jesus Mensch geworden. Als ich viel Mist gebaut habe, ist Jesus gekommen und hat für mich die Schuld auf sich geladen.

**Zu wem betest du?** Ich bete zu Jesus und zu Gott, dem Vater. Aber auch mal zum Heiligen Geist. Ich bin regelmäßig in der Kirche und ich arbeite dort mit. Zum Beispiel singe ich im Kirchenchor und spiele auch mal die Flöte im Gottesdienst. Dann geh ich auch noch zu den *Jesus Freaks*. Dort kann ich auftanken. Meine persönliche Beziehung zu Gott lebe ich dort voll aus. In der Bibel lese ich regelmäßig, aber ich habe da keinen festen Plan. Manchmal suche ich etwas Bestimmtes, aber manchmal schlag ich die Bibel einfach so auf und lese irgendetwas. Ich versuche, jeden Tag eine Zeit mit Gott zu haben, mal ist es kürzer, mal länger. Dann setze ich mich in die Ecke und frag ihn: »Wie sieht's aus, Gott?« Im Alltag rede ich mit Gott so, wie es mir gerade einfällt. Da geht es um Dank, Freude, Sorgen und Probleme. Das klingt ungefähr so: »Was soll ich jetzt machen, Jesus?« oder »Voll schön heute der Tag, Jesus!«. Gerade heute war hier echt schönes Wetter, und da hab ich ihm das gesagt.

**Seit wann glaubst du?** Meine Eltern haben mich christlich erzogen, ich war also schon immer in der Kirche. Meine Eltern haben früher abends vor dem Schlafengehen immer mit mir gebetet und ein Lied gesungen. Das war so ein tägliches Ritual. Aber es hatte keine wirkliche Bedeutung für mich. An einem Tag wurde bei uns eine Veranstaltung in der Kirche durchgeführt, die sich *Pro Christ* nannte. Ich bin dorthin, und bei diesem Treffen hat ein Referent einen Vortrag gehalten. Ich weiß gar nicht mehr genau, was er gesagt hat, aber plötzlich wurde mir klar, dass mein Glaube etwas Persönliches werden muss. Ich wollte nicht mehr nur so in die Kirche gehen, sondern es sollte eine persönliche Bedeutung für mein Leben haben. Der Glaube ist keine abgeschlossene Sache. Es geht immer weiter, und der Glaube durchzieht mehr und mehr mein ganzes Leben. Jesus will in meinem Leben sein, und ich glaube, dass das der eigentliche Grund dafür ist, dass es uns überhaupt gibt. Das ist so eine Sache, die ich durch diese Veranstaltung in der Kirche erst begriffen habe. Es gab aber auch schon ein paar Erlebnisse in meiner Kindheit, wo Gott mein Gebet erhört hat. Wir waren einmal wandern mit der Familie. Ich bin mit meiner Schwester vorneweg, ich war erst neun Jahre alt. Wir hatten uns mit meinem Vater und meinem Bruder an einem bestimmten Treffpunkt verabredet, aber als wir dort waren, kam keiner. Wir waren ganz allein und hatten Angst. Ich hab dann gebetet, dass mein Vater kommen soll, und da kam er um die Ecke. Mein Glaube ist dann sehr gewachsen, als ich zu den *Jesus Freaks* gekommen bin. Die Gemeinschaft mit jungen Christen hat mir sehr gutgetan. Es gibt Leute, die mich immer wieder ermutigen, dranzubleiben am Glauben. Zum Beispiel Freunde und auch Leute aus der Gemeinde, eigentlich stärken wir uns gegenseitig.

### Gibt es Feste, die dir besonders wichtig sind?
Karfreitag und Ostern sind mir sehr wichtig. Karfreitag denke ich daran, dass Jesus wirklich für meine Schuld gestorben ist und dass es nicht einfach für ihn war, dass es wehtat. Ostern ist Jesus auferstanden, und das bedeutet für mich: Der Tod hat keine Macht über die, die an Jesus glauben. Ich finde es gut, sich immer daran zu erinnern, aber ganz besonders an diesen Feiertagen. Den Buß- und Bettag finde ich auch cool, das ist in Sachsen auch ein gesetzlicher Feiertag, an dem ich freihab. Es ist einfach gut, so einen äußeren Anlass zu haben, um sich mit Gott auszusprechen, seine Sünden zu bekennen und umzukehren. Dass jeder Mensch am Sonntag extra frei dafür hat, sich Zeit mit Gott zu nehmen, finde ich gut. Es ist gut, dass man an dem Tag nicht arbeiten muss.

### Wie offen gehst du mit deinem Glauben um?
In meiner Schule waren wir drei eng befreundete Christen. Die anderen haben uns »Jesusschwestern« oder einfach nur »Jesus« genannt. Viele wussten, dass wir für Jesus sind und zu ihm stehen. Deswegen hat man uns oft beleidigt und auch ausgenutzt. Aber das war in Ordnung. Einmal war ich verliebt in einen Nichtchristen. Aber ich will einen Mann, der dasselbe Ziel hat wie ich, ich möchte, dass wir denselben Weg gehen. Mein Freund sollte auch mit Jesus leben, aber dieser Junge hat das nicht getan. Das war ganz schön krass. Ich freu mich voll, wenn

ich von meinem Glauben erzählen kann. Es ist immer eine Herausforderung, wenn man irgendwo neu hinkommt, seinen Glauben zu bekennen. In der Schule wusste das halt jeder und auch in meinem Dorf, es war geklärt und in Ordnung. Aber in der Berufsschule wusste es zuerst keiner, wobei ich aber möchte, dass es auch dort bald alle wissen.

**Was würdest du jemandem raten, der glauben möchte, aber nicht weiß, wie er es anstellen soll?** Wenn Menschen an Gott glauben wollen, rate ich ihnen, immer weiter nach ihm zu suchen. Sie sollten die Sehnsucht nicht verlieren, glauben zu wollen. Es ist gut, sich Leute zu suchen, die etwas mit Gott persönlich erlebt haben. Man sollte dabei nicht auf Leute hören, die nur abstrakte Sachen sagen und einen verwirren. Jeder Mensch muss sich bewusst werden, dass viele alltägliche Dinge überhaupt nicht selbstverständlich sind. Es passiert immer wieder etwas, das so geschieht, weil es von Gott da oben so geplant ist. Ich finde es wichtig, dass man die Sehnsucht behält, glauben zu wollen. Man kann auch Jesus fragen, was er dazu sagt, oder ihn einladen, in das Leben zu kommen.

**Und wenn jemand an etwas anderes glaubt als du?** Ich denke, dass jede Religion eine Suche nach dem Richtigen ist, eine Suche nach einer Beziehung zu Gott. Aber ich glaube daran, dass Jesus gesagt hat: Ich bin die Wahrheit. Er hat auch gesagt, dass niemand anders zum Vater kommt als durch ihn. Ich kann mich mit anderen über Gott unterhalten, aber ich glaube, dass die anderen Religionen am Ende nicht bestehen werden. Die größte Prüfung, nämlich den Tod, werden sie nicht bestehen. Bei den anderen Religionen ist es so, dass die Menschen zu Gott kommen müssen, aber im Christentum ist es umgekehrt: Gott kam zu den Menschen.

**Hast du selbst Gott schon erlebt?** Manchmal muss ich, wenn ich erkenne, dass ich so viel Schlechtes getan habe, ganz viel weinen. Aber dann ist Gott da, und ich hab das Gefühl, er würde mich umarmen und mir meine Tränen abwischen.

Manchmal erlebe ich ihn auch wie einen Wind, der durch meinen ganzen Körper weht. Es fühlt sich an wie ein leises, sanftes Säuseln, das durch mich durchgeht, und ich kann das körperlich spüren. Ich habe schon mal erlebt, dass Gott mich gesund gemacht hat. Oft hab ich ganz derbe Rückenschmerzen. Einmal hat dann jemand für mich gebetet, und es ist dann sofort sehr viel besser geworden. Die Schmerzen kommen jetzt manchmal noch wieder, aber nie mehr so doll wie vor diesem Gebet.

**Werden auch deine Gebete manchmal erhört?** Morgens in der Früh höre ich meinen Wecker manchmal nicht, wenn ich zur Arbeit muss. Ich hasse es, wenn der klingelt. Für die Fahrt bin ich immer mit einem Arbeitskollegen verabredet, darum muss ich pünktlich sein. Dann bete ich, dass ich den Bus noch kriege, und es klappt immer. Ich wohne in einer Kleinstadt. In meiner Freizeit laufe ich dort manchmal durch die Straßen und bete: »Gott, ich möchte jetzt jemanden treffen, mit dem ich über dich reden kann!« Wenn ich das mache, treffe ich immer einen, und dann reden wir über Jesus. Einmal im Jahr ist bei uns »Hexenbrennen«, am Vorabend des 1. Mai. Es gibt ein großes Lagerfeuer und alle kommen. Ein Freund von mir hat sich dort letztes Jahr übelst besoffen, er hatte eine Alkoholvergiftung. Eine Freundin war deshalb sehr fertig, da bin ich zu ihr hin und hab für sie gebetet. Gott war da und hat sie berührt. So war es dann doch gut, dass wir dort waren, obwohl ich eigentlich nicht hingehen wollte. Und einmal war ein Kumpel aus dem Heim abgehauen. Er ist ein Heimkind und wir sind gut befreundet. Mein Kumpel hat sich nicht mehr bei mir gemeldet, und ich hab mir schon Sorgen gemacht. Dann hab ich zu Gott gesagt: »Gott, mach, dass er wieder da ist!« Am nächsten Tag, als ich zur Schule gefahren bin, ist er plötzlich in den Bus eingestiegen. Das war schon ganz schön krass.

**Hilft dir dein Glaube bei Problemen im Alltag?** Nach der Schule hab ich eine Lehre als Tischlerin angefangen. Das ist ganz schön hart, besonders die letzte Zeit. Ich hab mich gefragt, warum mir das so schwerfällt, warum es so hart für mich ist. Ist die Lehre überhaupt das Richtige? Warum muss ich da jetzt durch? Ich hatte meine Bewerbungen auch mit Gott ausgemacht, und ich hab ihn gebeten, dass er es so steuern soll, dass nur der richtige Betrieb zusagt. Diese Lehre ist ganz schön anstrengend, und ich habe es mit meinem Meister nicht so leicht. Ich dachte schon oft: »Gott, das kann doch nicht sein, ist die Lehre wirklich von dir? Wir haben das doch ausgemacht, was soll das jetzt?« Inzwischen glaube ich, dass Gott mich dadurch schulen will. Er möchte, dass ich so etwas wie Gehorsam lerne. Es ist halt anders als in der Schule, da konnte man machen, was man wollte. In der Ausbildung geht das nicht. Ich wollte auf keinen Fall, dass durch meine Lehre meine Beziehung zu Jesus kaputtgeht. Jetzt hat Gott es so gemacht, dass ich ganz gut klarkomme, auch in der Berufsschule. Vor Kurzem war ich auf Montage, und das ist echt gut gelaufen. Gott zeigt mir, dass es schon sein Wille ist, dass ich diese Ausbildung mache.

Ruth, 17, macht eine Ausbildung zur Tischlerin.

# Allah kam nicht mit

Als meine Eltern 1972 zum Arbeiten nach Deutschland gingen, war ich gerade zwei Jahre alt. Sie ließen mich bei meinem Großvater in unserem Dorf an der türkischen Schwarzmeerküste. Es gab keinen Strom, und das Wasser holten meine Tanten und Onkel vom Fluss, der an unsere Felder grenzte. Meiner zwei Jahre älteren Schwester Nurten und mir fehlte es trotzdem an nichts. Unser Opa hütete uns wie seinen Augapfel, und meine kleine Tante Gülten, die selbst noch pubertierte, war unsere sehr fürsorgliche und sehr tapfere Ersatzmutter. Bei meinem Opa durfte ich alles, sein Radio kaputt machen, Dutzende Nägel zwischen die Dielen hauen, mir reihenweise Fußbälle aus Plastik wünschen, die beim Spielen keine halbe Stunde später am Stachelzaun zerplatzten. Und Kekse, soviel ich essen konnte. Als sechsjähriger Dötz dachte ich nicht viel. Alles kam mir nur ewig vor.

Während der Sommerferien schickte uns Opa in die Moschee, die gleich neben der Grundschule lag. Alle kleinen Mädchen und Jungen des Dorfes saßen wild gemischt im Schneidersitz auf dem Boden. Der Hodscha brachte uns Suren und Gebete bei. Wir lernten sie auswendig. Natürlich konnte kein Kind Arabisch, manchmal übersetzte der Hodscha die Suren ins Türkische, manchmal nicht. Er erzählte uns Geschichten von unserem Propheten Mohammed, seinen Taten, was einen guten Moslem ausmachte, was Sünde war und was erlaubt. Die Sommerwochen in der Moschee hatten für uns Kinder nichts Zwingendes oder Furchteinflößendes. Wir saßen barfuss auf Teppichen im großen Gebetsraum vor unseren kleinen Holztischen und hörten dem Hodscha zu, sprachen nach, und er fragte die Suren vom Vortag ab. Konnten wir sie fehlerfrei aufsagen, lobte er uns, wenn wir plapperten, kicherten und unkonzentriert waren, ermahnte er uns. Aber er wurde dabei nie laut, und ich kann mich auch nicht erinnern, dass er jemals ein Kind geohrfeigt hätte. Einen schlagenden Hodscha habe ich erst als Jugendlicher in Hamburg erlebt. In den Pausen durften wir auf dem Hof spielen. Gegen Mittag gingen wir wieder nach Hause.

Selbstverständlich glaubte ich an Gott. Es wäre mir nicht in den Sinn gekommen, seine Existenz abzustreiten oder ihn infrage zu stellen. Mit meiner Geburt war ich automatisch auch ein Moslem und bekam einen arabischen Vornamen wie fast alle anderen Kinder auch. Vor allem in der Sprache war Allah allgegenwärtig. Nahm man sich für den nächsten Tag etwas vor, beendete man seine Rede mit »İnşallah«, so Gott will. Ging man auf Reisen, sagten Verwandte und Freunde: »Allah korusun«, möge Gott beschützen. Hatte man genug zu essen, beendete man die Mahlzeit mit »Allaha şükür«, Gott sei es gedankt. Und bei einem heftigen Streit wünschte man seinem Gegenüber mittels Gott die Pest an den Hals: »Allah belanı versin«, Gott soll dich verfluchen. Gerade beim Verfluchen besaßen die Menschen eine sagenhafte und

# Allaha şükür
## gott sei es gedankt

sehr detaillierte Fantasie, für deren Verwirklichung selbstverständlich Gott zuständig war. Ich plapperte natürlich fleißig alles nach.

Der Gott meiner Kindheit war ein mächtiger, vor allem aber ein gütiger Gott, weil er meinem Großvater beim Überstehen seiner gelegentlichen Herzattacken half. Meistens kamen die abends, wenn wir in unserer Wohnküche vor dem Kamin saßen. Plötzlich keuchte der Großvater, bekam keine Luft mehr, wurde leichenblass und drückte mit der Hand auf seine Brust. Sein schmerzverzerrtes Gesicht jagte Nurten, Tante Gülten und mir eine Angst ein, die ich bis heute nur schwer in Worte fassen kann. Selbst als kleiner Junge wusste ich, dass wir in solchen Momenten verloren waren. Wir wohnten am Fluss, hatten weder ein Auto noch ein Telefon, der Dorfplatz war mehrere Kilometer entfernt, das nächste Krankenhaus mehr als zwanzig Kilometer. Wir konnten nichts tun, außer völlig aufgelöst seine Hände zu halten und flehend seinen Namen zu rufen. Uns dreien kullerten die Tränen nur so runter. Nach unerträglich langen Minuten kam er wieder zu sich und tröstete uns. Wir gingen ins Bett, und noch aufgelöst vom Erlebten betete ich alle Suren, die ich schon auswendig konnte, bat Gott inständig, meinen Opa zu beschützen.

Im Jahr 1979 wurden Nurten und ich von unserem innig geliebten Opa getrennt, weil unsere Eltern uns nach Hamburg holten. Meine Schwester war elf Jahre alt, ich neun. Wir wurden in verschiedene Klassen gesteckt und verstanden nichts. Wir sprachen Türkisch, konnten Arabisch beten, aber kannten kein Wort Deutsch. Auch sonst verstanden wir die Welt nicht mehr. Warum durften wir nicht mehr bei unserem Großvater bleiben, bei unseren Freunden und Verwandten? Was sollten wir in Hamburg? Ich betete und erflehte von Gott unsere Rückkehr. Aber mit jedem Tag in Hamburg wurde meine Hoffnung kleiner. Vielleicht war Gott in meiner Heimat geblieben und konnte mich von dort nicht hören. Ich lernte in passablem Tempo die deutsche Sprache und sprach nur noch zu Hause mit meinen Eltern Türkisch. Stück für Stück vergaß ich meine Muttersprache, und mit ihr verschwand auch Gott für lange Zeit aus meinem Leben. Er hatte Nurten und mich im Stich gelassen, wir mussten uns in diesem fremden Land allein zurechtfinden, warum sollte ich noch mit ihm sprechen, zu ihm beten? Zu lange hatte er nicht geantwortet.

Ich schaffte den Sprung in die Realschule, weil ich einen großartigen Klassenlehrer hatte. Bei dem obligatorischen Intelligenztest in der fünften Klasse kam sein Kollege, der den Test durchführte und auswertete, zu einem ernüchternden Ergebnis: Meine Intelligenz reichte gerade für die Sonderschule. Er gab eine entsprechende Empfehlung ab. Meinem Klassenlehrer war die Empfehlung egal, er behielt mich in seiner Realschulklasse und blieb bis zum Abschluss mein Ersatzvater. Er wusste um meine Situation und Herkunft. Wie konnte ein elfjähriger türkischer Junge bei dem Test auch besser abschneiden, wenn er nach erst zwei Jahren in Deutschland nicht einmal die Fragen genau verstand? Seinen Kollegen hatte dieser Umstand bei der Testauswertung nicht gestört. Endlich kam ich in die Pubertät und wurde größer und stärker. Und sollte mich wieder meiner Religion besinnen, weil meine Eltern mich in einem Anflug von schlechtem religiösem Gewissen in eine Moschee in Hamburg zum Korankurs schickten.

Ich war fünfzehn, strotzte vor Kraft und Energie und saß neben lauter acht- und neunjährigen Kindern im Gebetsraum. Ich fühlte mich wie Gulliver unter Zwergen. Der Hodscha war ein Frischimport aus der Türkei. Er trug Nylonsocken und einen stattlichen Bauch, sprach kein Wort Deutsch, wusste aber über das Leben in Hamburg und Deutsche sehr gut Bescheid. Wir sollten uns bloß nicht mit Deutschen einlassen, predigte er uns oft. Sie aßen nämlich Schweinefleisch, glaubten nicht an Gott, waren verdorben. Ihre Töchter liefen in Miniröcken herum. Ein guter Moslem hatte sie zu hassen und zu verachten, schließlich waren sie gottlos und schmutzig. Ich war stolz, ein schlechter Moslem zu sein. Der Hodscha und sein dreizehnjähriger Assistent schlugen mit stiller Duldung der Eltern gerne zu, wenn ein Junge kicherte, beim Aufsagen stolperte oder zappelig war. Ich lernte keine einzige Sure auswendig und hoffte, der Hodscha und sein kleiner Hilfsschläger würden es bei mir auch mit Stockschlägen und Ohrfeigen versuchen. Leider trauten sie sich nicht. Nach einer knappen Woche war das Kapitel Korankurs beendet.

*und konnte mich von dort nicht hören*

# Bis heute glaube und hoffe ich,

In den Jahren danach fühlte ich mich unverwundbar. Mir schien, dass meine Umwelt kleiner und kleiner wurde, während ich zu einem stattlichen jungen Mann heranwuchs. Angst hatte ich vor so gut wie nichts mehr, denn ich fühlte mich allen Problemen und Schwierigkeiten, mit denen ich zu kämpfen hatte, gewachsen. Tausende Träume schwirrten durch meinen Kopf, und selbstverständlich wollte ich jeden einzelnen von ihnen realisieren. Mit 23 Jahren flog ich wieder in meine Heimat. Ich erntete mit meinen Tanten und Onkeln die Haselnüsse von unseren Feldern und brachte meinen Großvater zu verschiedenen Ärzten. Er hatte sich vor Monaten den Oberschenkelhals gebrochen und klagte immer noch über Schmerzen im Bein, die kein Arzt richtig lindern konnte. An einem sonnigen, warmen Nachmittag im August starb er. Ich saß stundenlang neben seiner Leiche, küsste seinen schon nicht mehr warmen Kopf und begrub ihn mit anderen Männern am nächsten Vormittag auf dem Friedhof unserer Dorfmoschee. Das erste Mal in meinem Leben verlor ich einen geliebten Menschen. Ich fühlte mich ohnmächtig, allein, leer, konnte nicht glauben, dass mein heiß geliebter Großvater unter mehreren schmalen Holzbrettern in der Erde lag. So unverwundbar war ich wohl nicht, denn ich konnte den Gedanken an sein Verschwinden nicht ertragen. Er sollte weiterexistieren, weiterleben, auch wenn ich nicht wusste, in welcher Art und Weise.

Kerim Pamuk

# dass mein Großvater weiterlebt, nicht nur in seinen Kindern und in mir.

Bis heute glaube und hoffe ich, dass mein Großvater weiterlebt, nicht nur in seinen Kindern und in mir. Dass ich ihn eines Tages wieder in meinen Armen halten werde wie all die anderen geliebten Menschen, die seitdem gestorben sind. Längst habe ich den unerschütterlichen Glauben an die gütige Allmacht Gottes aus meiner Kindheit verloren. Nicht nur, weil Gott offensichtlich unendliches Leid auf der Erde zulässt, sondern weil ich den Gedanken, mein Schicksal könnte durch eben seine Allmacht vorgezeichnet sein, nicht akzeptiere. Lieber halte ich meine Ängste und Zweifel selbst aus, als mein Schicksal in die Hände von jemand anderem zu legen, ob in dieser oder einer anderen Welt. Ich denke nicht, dass unser Leben einem höheren Sinn folgt, aber ich glaube, dass unser Leben mehr ist als die reine irdische Existenz. Sollte Gott dieses Mehr ermöglichen, ist es mir recht.

Kerim Pamuk, 41, ist an der türkischen Schwarzmeerküste geboren. Er lebt als Schriftsteller und Kabarettist in Hamburg. Zuletzt erschien sein satirischer Reiseführer *Allah verzeiht, der Hausmeister nicht*. Mit seinem aktuellen Kabarettprogramm *Burka & Bikini* tourt er durch die Republik.

# »Du sollst bestimmen, ob ich meinen Vater noch mal sehe«

*Interview*

**An welchen Gott glaubst du?**   Ich glaube an Gott im christlichen Sinne. Ganz traditionell ist Gott für mich Vater, Sohn und Heiliger Geist. Er kann ein liebender Vater sein, nicht nur ein Vater, der total streng ist. Und er kann ein Freund für mich sein. Gott ist immer bei mir, auch wenn ich auf Partys gehe. Und Jesus ist vor allem ein Revolutionär.

**Hast du schon immer an Gott geglaubt?**   Mein Vater ist Theologe und war früher in dem Dorf, wo ich wohne, der leitende Pastor der Kirche. In meiner Kindheit habe ich an Gott geglaubt, das war einfach so. Es gab keine Möglichkeit, »Nein« zu sagen, das ist für ein Pastorenkind wie eine Last. Und dann, als ich 14 wurde, hat mein Vater ganz plötzlich mich, meinen Bruder und meine Familie verlassen. Danach war mein Bild von Gott sehr schlecht. Ich hab zu ihm gesagt: »Wenn es dich gibt, warum machst du so was?« Alles, was mein Vater gepredigt hatte, war auf einmal ein großer Schwindel. Es folgte eine Zeit, in der ich sehr viel Mist gebaut habe. Ich bin abgestürzt, bekam Depressionen, habe angefangen, mich zu ritzen. Als ich 17 war, passierten mir dann plötzlich ganz komische Dinge. Ich war in dieser Zeit immer noch in der Gemeinde, weil meine Freunde dort waren, aber innerlich stand ich nicht mehr dahinter. Dann bin ich mal in einen anderen Jugendgottesdienst gegangen und hab Leute kennengelernt, die mich zum Nachdenken gebracht haben. Die Leute haben für mich gebetet, dass Gott sich mir zeigen sollte, und dann hab ich auf einmal körperlich Gott gespürt. Es war wie eine Frühlingsbrise, die durch meinen Körper ging. Dann ist noch was passiert, an einem Tiefpunkt, wo ich mich sehr viel geritzt habe, meine Arme waren komplett vernarbt. Ich lag abends in meinem Bett und dachte, ich bete mal wieder, kann ja nicht schaden. Ich sagte zu Gott: »Wenn es dich gibt, dann will ich einen Beweis dafür haben! Ich möchte, dass du meine Narben auf meinen Armen wegmachst!« Innerhalb von zwei Tagen waren die Narben verschwunden. Am nächsten Morgen waren die Narben noch ein bisschen da, und dann waren sie kurze Zeit später alle weg. Ab dann fing mein eigentlicher Glaube, mein Leben mit Jesus, erst richtig an.

**Wie gehst du heute mit deinem Vater um?** Meinen Vater habe ich in den letzten fünf Jahren nicht gesehen. Das war ein großer Punkt, warum ich so abgedreht bin. Ich hab mich nicht damit auseinandergesetzt und wollte mir von niemandem helfen lassen. Letztes Jahr war ich auf einem christlichen Festival und hab dort bei einer Seelsorge alles erzählt, was mit meinem Vater zu tun hatte. Der Seelsorger fragte, ob ich das alles schon mal Jesus gesagt und vor Gott gebracht hätte. Wir haben lange zusammen gebetet, und ich habe zu Gott gesagt: »Ich möchte, dass du das in die Hand nimmst. Du sollst bestimmen, ob ich meinen Vater noch mal sehe. Du weißt, wann der richtige

Zeitpunkt dafür ist.« Daraufhin ging es mir erst mal besser. Ein Jahr später, also dieses Jahr, bin ich auf Gemeindefahrt gewesen und hab eigentlich nicht mehr an diese Abmachung mit Gott gedacht. An einem Abend haben wir zusammen Lieder gesungen und gebetet. Das war sehr intensiv, wir haben lange gesungen und in der Bibel gelesen. Irgendwann beim Beten hat tatsächlich Gott zu mir gesprochen. Er sagte: »David, ich möchte, dass du deinem Vater begegnest. Ich möchte deine Wunden heilen. Ich möchte, dass du deinem Vater gegenübertrittst!« Dann hab ich schweren Herzens geantwortet: »Alles klar, Gott! Du weißt, dass ich meinen Vater liebe. Du wirst es richtig machen.« Direkt danach bin ich meinen Vater besuchen gefahren. Ich hatte tierisch Angst, ich hatte ja allen Kontakt abgeblockt. Das Erste, was ich dann zu ihm gesagt habe, war: »Papa, ich bin hier, um dir zu sagen, dass ich dir vergeben möchte. Gott rechnet dir deine Sünden nicht länger an!« Ich hab in seinen Augen gesehen, dass ihn das zutiefst berührt hat. Wir haben noch lange geredet, das hat mir so gutgetan. Gott war die ganze Zeit da und viele Wunden wurden geschlossen.

**Was für Rituale hast du mit Gott? Wie betest du?**   Um zu beten, muss ich mich nicht besonders in Folklore werfen, wenn mir danach ist, dann mach ich es. Ich bete vor allem morgens, aber auch zwischendurch, wenn mir zum Beispiel was Blödes passiert ist oder auch was Gutes, denn ich möchte Gott daran teilhaben lassen. Gott antwortet mir, wenn ich ihn etwas frage. Manchmal ist es ein Gedanke, den Gott mir ins Herz legt. Teilweise träume ich etwas, das von Gott kommt. Auch durch andere Menschen hat Gott schon zu mir gesprochen. Für Gott ist nichts unmöglich, er kann durch alles und jeden zu uns sprechen, da gibt es keine Grenze. In der Bibel steht, dass, wer Gott sucht, ihn auch finden wird. Ich denke, dass Gott gefunden werden will. Viele Menschen schaffen es nicht, sich auf etwas Neues einzulassen. Aber wenn man sich auf Jesus einlässt, verändert er einen auf eine extreme Art und Weise.

**Wie war das bei dir?** Früher hatte ich viel Hass in mir. Inzwischen merke ich, dass Gott ganz viel Hass aus mir weggenommen hat, ich bin viel ausgeglichener geworden. Das Leben als Christ finde ich spannender als irgendein anderes Leben, das ich hätte sonst führen können. Es ist besser, vom Heiligen Geist erfüllt zu sein, als von irgendwelchen Drogen. Ich lese regelmäßig in der Bibel, eigentlich jeden Tag. Beim Bibellesen entdecke ich immer wieder Neues, das ich vorher noch nicht kapiert hatte. In meiner Kirchengemeinde, einer evangelischen Landeskirche, bin ich sehr aktiv. Ab und zu bin ich dort auch sonntagmorgens im Gottesdienst, aber meistens ist der für mich langweilig. Ich versuche, eigene Sachen in die Gemeinde einzubringen, zum Beispiel organisiere ich einen Lobpreisgottesdienst. Und bei der Konfirmanden- und Kinderarbeit bin ich schon seit fünf Jahren dabei. Ich versuche jetzt, mit ein paar Freunden einen modernen Gottesdienst aufzuziehen, der andere Gruppen anspricht als die »typischen Kirchgänger«.

**Wie begleitet dich dein Glaube durch den Alltag?** Der Glaube hilft mir tagtäglich – oder richtiger: Gott hilft mir und nicht der Glaube. Hätte ich Gott nicht, würden mir viele Dinge sehr schwerfallen wie zum Beispiel der Umgang mit bestimmten Menschen und Gruppen. Vor ein paar Jahren habe ich Neonazis gehasst. Inzwischen ist mir klar geworden, dass Gott auch die Neonazis liebt. Sie werden von ihm genauso geliebt, wie ich von ihm geliebt werde, mit allen meinen Fehlern. Ein großes Problem der Jugend ist Internetsucht. Das hab ich auch gemerkt, dass ich davon abhängig war. Das ist, seitdem ich Christ bin, viel besser geworden. Mir wurde klar, dass das Internet nicht mein richtiges Leben ist, sondern dass das normale Leben viel mehr ist, mir viel mehr bietet, als nur online zu sein.

**Gibt es auch etwas, das dich am Christentum stört?**   Dass alle von sich behaupten, sie hätten recht und ihr System, ihre Glaubensrichtung sei die richtige. Auch solche Klischees, dass jeder Christ perfekt ist, man geht jeden Sonntag in den Gottesdienst und so was, das stört mich. Man muss auch kein perfekter Mensch sein, um an Gott zu glauben. Gott will dich auch dann, wenn du ganz kaputt bist.

**Welche christlichen Feste sind dir wichtig?**   Weihnachten, weil Jesus dort geboren wurde. Ostern auch, das ist für mich das ausschlaggebendste Fest. Das sind die zwei Feste, die ich auch in meiner Gemeinde erlebe. Es gibt einmal im Jahr ein Festival der *Jesus Freaks,* das sich *Freakstock* nennt. Das ist für mich auch ein ganz wichtiges Glaubensfest, denn da bin ich unter Leuten, die mich wirklich verstehen. Ich fühle mich dort besonders wohl und hab auch jedes Mal besondere Erlebnisse mit Gott.

**Wissenschaft und Glaube – passt das für dich zusammen?**
Wissenschaft war für mich nie ein Gegensatz zum Christentum. Die Wissenschaft beschäftigt sich mit der Frage danach, wie etwas funktioniert. Der Glaube fragt eher nach dem Warum. Glaube und Wissenschaft sind unterschiedliche Welten, aber man kann beide gut kombinieren. Gott hat uns diese Welt gegeben, und das, was wir hier von ihm haben, sollen wir auch nutzen. Es gibt natürlich Themen in der Wissenschaft, die ich komisch finde. Genmanipulation oder Genforschung an Menschen, das sehe ich schon kritisch. Man hat das Gefühl, da wollen sich Menschen zu Gott machen.

**Eckst du mit deinem Glauben manchmal an?** Es ist schon oft so, dass man schräg angeschaut wird, die anderen halten einen für verrückt, viele können nicht nachvollziehen, dass ich an Gott glaube. Es ist aber unterschiedlich, ob die Leute es negativ oder positiv aufnehmen. Einige bewundern mich, andere beneiden mich um meinen Glauben und wünschen sich das eigentlich auch für sich selbst, und manche hassen mich dafür. Viele meiner früheren Punkerfreunde verstehen es aber zum Beispiel nicht, und es ist oft schwierig, als Christ in der Szene zu sein.

**Möchtest du, dass auch andere an Gott glauben?** Ich bin selbst ziemlich sicher in Gott und kann über meinen Glauben auch mit anderen reden. Aber ich würde ihn nie jemandem aufzwingen, weil Gott uns den Glauben auch nicht aufzwingt. Er stellt uns vor die Wahl, ja oder nein. Ich bin fest davon überzeugt, dass Gott sehr viel gnädiger sein wird, als wir Menschen uns das vorstellen. Und auch ich zweifele oft. Zweifel gehört irgendwie dazu. Wenn ich zweifele, dann bete ich, oder ich rede mit Freunden darüber. Manchmal beten dann meine Freunde auch für mich. In so einer Situation hat Gott mir einmal etwas ins Herz gelegt. Er sagte mir, ich brauch keine Angst zu haben, er hat mich erwählt und er ist immer da.

David, 19, macht eine Ausbildung zum Erzieher.

Jo Scharwächter

# Betende Hände können NICHT zuschlagen

Ja, ich glaube an Gott, den Gott, der Himmel und Erde geschaffen hat. Er ist der Gott, der mein Leben gerettet hat durch die Tat, dass er seinen Sohn Jesus Christus hat für mich sterben lassen. Gott ist für mich ein Vater geworden, den ich im Leben nie hatte. Damit ist er für mich auch ein Vorbild und eine Persönlichkeit, der ich folgen will.

Ich bin sehr froh, an Gott glauben zu dürfen, und bin sehr froh, ein Christ zu sein. Ich versuche, eigentlich »ohne Unterlass« zu beten. Das heißt für mich, dass ich nicht nur einmal am Tag bete, es bedeutet für mich, nicht nur die Hände zu falten oder in die Kirche zu gehen. Beten ist für mich ein ständiges Gespräch mit Gott, in meinen Gedanken, auf seiner Ebene. Ich gehe auch regelmäßig in einen Gottesdienst. Dieser findet bei mir in der Heilsarmee Umiken bei Basel statt. Dort ist jeden Sonntag ein Gottesdienst, und wann immer es mir möglich ist, nehme ich daran teil. Neben dem Gebet lese ich jeden Tag in der Bibel. Gott antwortet mir auch auf meine Gebete.

Er antwortet mir dabei immer auf meiner Ebene. Zum Beispiel kommt mir ein Wort aus der Bibel in den Sinn, dass sein Geist zu meinem Geist spricht, dass ich Gottes Kind bin. Ich erkenne, dass dieser Gedanke sein Reden ist. Wie mache ich das konkret? Wenn ich mich nur so hinsetze und schweige, dann kommen mir alle möglichen Sachen in den Kopf, Fußballergebnisse, Lottozahlen und so weiter. So viele Dinge sind in meinem Kopf, an die ich denken muss. Es braucht eine Zeit, bis es in mir ruhig wird und ich mich auf Gott konzentrieren kann, darauf, dass er mit mir redet. Darum schreibe ich mir die Fragen, die ich im Gebet äußere, auf, und dann merke ich nach einigen Monaten, wie Gott mir diese Fragen beantwortet hat. Es gibt für mich keinen Grund, nicht zu glauben, weil ich Gott schon so oft erfahren habe.

## Ein Leben mit Gott – und ohne Gewalt

In meiner Kindheit gab es nur Erfahrungen, die mir Gott unmöglich gemacht haben. Ich bin in Heimen groß geworden, auch in einem christlichen Landesjugendheim. In dieser Zeit habe ich das Hassen gelernt.

Mein Weg mit Gott begann dann vor 36 Jahren. Aber mein Glaube hat sich im Laufe der Zeit sehr verändert, er ist heute ein ganz anderer. Einerseits bin ich zum Glauben durch das Studium der Bibel gekommen, andererseits aber auch durch das Zeugnis gläubiger Menschen. Es gab ein paar Christen, deren Leben so attraktiv war, dass ich das unbedingt auch haben wollte. Zuvor hatte ich schon einige Gläubige kennengelernt, aber die, so sagte ich damals, »konntest du in der Pfeife rauchen«. Ich war in der Zeit im Knast. Dort gab es ein paar Besucher,

# Ich bin zu meinen alten Freunden hin

die sich als Christen ausgaben. Als ich die gefragt habe: »Nehmt ihr denn auch mal Leute aus dem Knast bei euch zu Hause auf?«, kam als Antwort: »Also, ich nicht! Sie wissen doch selbst, wie die Leute aus dem Gefängnis sind!« Da hätte ich dem am liebsten eine geklatscht, so einen Glauben brauch ich nicht. Aber später habe ich meine Frau kennengelernt, eine Christin. Eine meiner ersten Fragen, die ich ihr damals gestellt hatte, war: »Willst du mit mir schlafen?« »Nein, ich warte auf den Mann, den mir Gott schenkt!«, war ihre Antwort. Da hab ich sie gefragt: »Wie alt bist du denn?« Sie sagte: »22.« »Und du hast noch nie mit einem Mann geschlafen?«, fragte ich noch mal nach, und sie antwortet: »Nein, ich warte!« Diese Entschlossenheit hat mich nachdenklich gemacht. Ich dachte mir, vielleicht sind die anderen Christen doch keine Lügner. Und dann bin ich nach achteinhalb Jahren Knast auch ein Christ geworden. Ich habe damit angefangen, zu beten. Für mich als Gewaltmenschen, als jemand, der alles mit Gewalt durchgesetzt hat, war das ein echtes Risiko. Ich bekam Angst, denn mir war klar, dass betende Hände nicht mehr zuschlagen können. Dann verspürte ich plötzlich einen großen Hunger nach Gottes Wort. Ich habe lange meine Bibel studiert und andere mit den Aussagen, die ich dort gefunden habe, konfrontiert. Ich habe gefragt: »Wie seht ihr das?« und: »Was denkt ihr da drüber?« Ich habe Gott gebeten, dass er mir hilft, ein Leben zu führen ohne Gewalt. Mein neuer Glaube hatte die Konsequenz, dass ich mit meiner Vergangenheit gebrochen habe. Ich bin zu meinen alten Freunden hin und habe ihnen erzählt: »Ich will ab sofort ein anderes Leben führen!«

Jo Scharwächter

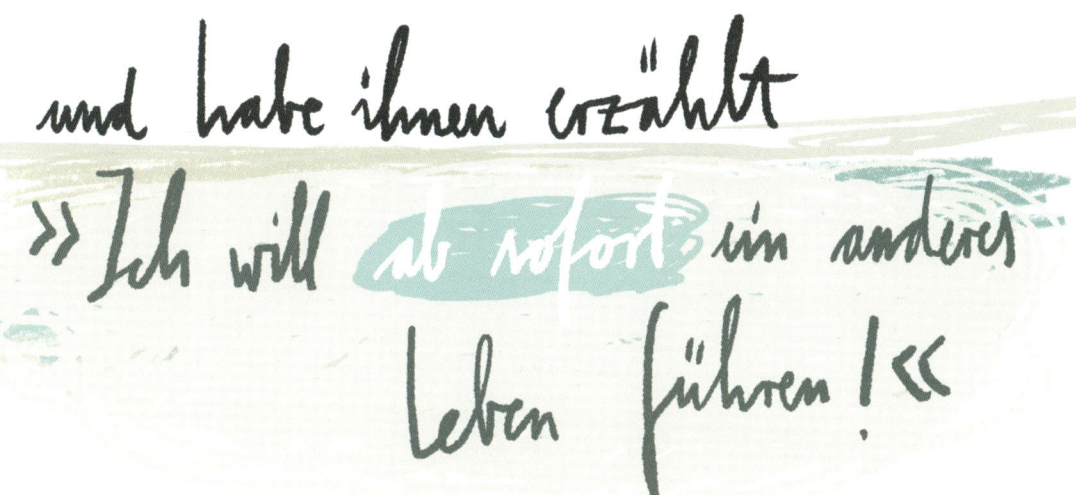

*und habe ihnen erzählt »Ich will ab sofort ein anderes Leben führen!«*

## Nur ein Weg führt zu Gott

Ich lebe meinen Glauben, indem ich versuche, das umzusetzen, was ich von Gott erfahren und gelernt habe. Wenn Jesus etwas von mir will, dann gibt er mir auch die nötige Kraft dazu. Ich wäre nicht der, der ich heute bin, wenn das nicht so wäre. Meine Verbindung mit Jesus hilft mir immer wieder neu, meinen heutigen Tag zu bestehen. Der Glaube behindert mich nur dann, wenn ich nicht das tue, was Gott von mir möchte. Meine eigene Stärke hat mich ins Gefängnis gebracht, aber Gottes Stärke hilft mir, das zu tun, was er will. Wenn Jesus sagt: »Folge mir nach«, dann will ich ihm auch nachfolgen.

Meine Nichte kam neulich zu mir, sie ist erst 17. »Du, Jo, ich bin ja jetzt verliebt, und mein Freund ist kein Christ. Wie mach ich das denn jetzt mit dem Sex?« Meine Antwort war: »Gib ihm ein halbes Jahr eine Chance. Wenn er nicht akzeptiert, dass du keinen Sex mit ihm willst, dann musst du dich von ihm trennen.« Es gibt Menschen, die sagen: »Viele Wege führen zu Gott!« Ich sage aber: »Nur ein Weg führt zu Gott!«

Meine eigene Stärke
hat mich ins Gefängnis gebracht,

*aber Gottes Stärke hilft mir,*
*das zu tun, was er will.*

Vor einiger Zeit hatte ich große Konflikte mit meinem Glauben. Persönliche Dinge waren mir wichtiger geworden als der Glaube. Dadurch habe ich mich von Gott entfernt. Ich stand plötzlich an einer Grenze und musste mich fragen: »Soll das jetzt alles sein?« Ich bin von Gott weggegangen und hab meine Frau und Kinder wegen einer anderen Frau verlassen. Nach 20 Jahren stand ich plötzlich an einer Grenze. Das war eine harte Zeit. Gott hat mich dort rausgeholt. Ich habe heute nur mit einer Frau zu tun, und ich bleibe bei ihr.

Mein Glaube ist erschüttert worden, als ich Ehebruch begangen habe. Da wurde mir wieder klar, zu was ich alles fähig bin. Aber Gott hat mich nicht hängen lassen, er hat mich zu sich zurückgebracht. Das war schon eine starke Erschütterung in meinem Glauben, aber sie konnte ihn nicht zerstören.

### »Weißt du, ob er dich auch hört?«

Ich bekomme viele Anrufe aus der ganzen Welt, bis nach Südamerika. Immer wieder kommen Leute, die mich nach meinem Glauben fragen und das erleben wollen, was ich erlebt habe. Ich gehe offen und auch offensiv mit meinem Glauben um. Dabei gibt es Menschen, die auf meine Worte hören und sie annehmen, aber auch solche, die das nicht tun. Ja, ich will, dass andere Menschen Gott finden, weil es für mich wichtig ist, dass sie das Leben, das Gott für sie bereithält, auch bekommen.

Wenn ich Christ bin, dann handele ich als Christ, aber ich bin nicht christlich. Die Bibel sagt, dass Christen »… an der Liebe erkannt werden«. Wenn das passiert, dann sind wir auch Christen. Mich stört, dass sich heute alles als »christlich« bezeichnet. Parteien, Organisationen sind christlich. Aber sind sie das wirklich? Viele Menschen in unserer Gesellschaft grenzen Gott aus.

Mit anderen Religionen habe ich keine Probleme. Ich habe gute Verbindung zu Buddhisten und auch zu Moslems. Aber es stört mich, dass wir nicht den gleichen Gott haben. Ich habe mal ein Gespräch mit einem Typen in der Fussgängerzone gehabt. Er saß da und rauchte eine Pfeife und betete. Ich fragte ihn: »Zu wem betest du?« Er antwortete: »Ich bete zu Manitu!« »Und weißt du, ob er dich auch hört?«, fragte ich zurück. »Nein, das weiß ich nicht!«, war seine Antwort. Das ist für mich ein großer Unterschied. Wenn ich bete, dann weiß ich, dass mich jemand hört, der mir auch antwortet. Gott gibt mir auf meine Gebete eine persönliche Antwort. Wenn Jesus sagt: »Ich bin der Weg, die Wahrheit und das Leben«, dann kann ich nicht zu Manitu beten, nicht zu Buddha und auch nicht zu Allah.

### Gott gibt uns, was wir brauchen

Letztens haben wir um Geld gebetet, es ging um 5000 Franken. Das sollte für einen neuen Kinderspielplatz in Ungarn sein. Wir hatten den Eindruck, wir sollten eine Annonce in einer Zeitschrift schalten, um dort einen Spendenaufruf zu starten. Als wir Wochen später losgefahren sind, hatten wir genau die 5000 Franken gespendet bekommen. Ich lebe seit 30 Jahren von Spenden. In der Zeit hatte ich nie zu viel, aber auch nie zu wenig. Wir haben jedes Jahr einen schwarzen Kassenabschluss. Das ist für mich eine wichtige Erfahrung. Gott gibt uns das nötige Geld, das wir brauchen.

## Gebet und Stille

Die christlichen Feste sind mir wichtig, Weihnachten und Ostern. Ich nehme mir ganz bewusst am Tag Zeit für Gott. Jeden Tag schaue ich beim Beten auf die Uhr. Und so viele Minuten ich ihm in den Ohren hänge, so lange höre ich ihm dann auch zu, was er mir zu sagen hat. Manchmal redet Gott dann zu mir. Das ist wie mit dem Telefon. Wenn ich mit Freunden telefoniere und dann, nachdem ich gesprochen habe, einfach den Hörer auflege, höre ich auch nicht mehr, was der andere mir zu sagen hat. Darum bin ich im Gebet auch immer eine Zeit still, mindestens so lange, wie ich zu Gott geredet habe.

Jo Scharwächter, 67, war früher Zuhälter, Alkoholiker und verbrachte 9½ Jahre im Gefängnis. 16 Jahre lang war er Heilsarmeeoffizier und arbeitet heute als Pastor und Sozialarbeiter. Er ist Teamleiter der *Rolling Church Schweiz*, der Kirche, die zu den Menschen fährt.

Laura, 19 Jahre

# »Wie mächtig Religion sein kann, das macht mir Angst «

## Interview

**Woran glaubst du?**   Ich glaube nicht an einen Gott. Mittlerweile sind wir in der Wissenschaft so weit; alles ist begründet worden. Wir haben zum Beispiel im Ethikunterricht viel darüber gesprochen. Der Glaube an Gott und an Religion und an all die Geschichten, die angeblich passiert sind, die hat man sich ausgedacht, um sein Gewissen zu beruhigen, um erklären zu können, warum wir existieren oder warum alles so existiert, wie es existiert. Das war wie ein Ausweg oder eine leichte Alternative, um eine Erklärung dafür zu finden, dass alles ist, wie es ist.

**Hast du als Kind an Gott geglaubt?**   Eigentlich nicht. Ich wohne neben einer Kirche und mein bester Freund damals war evangelisch, und wir sind dann immer rüber in die Kirche, jeden Sonntag. Da gab es einen Kindergottesdienst. Einmal hat mich eine Frau gefragt, wo Gott ist. Ich hab gesagt: Im Himmel. Da hat sie mich total angeschrien und meinte: Was? Gott ist nicht im Himmel, er ist überall! Das hat's mir auch so'n bisschen versaut. Ich hatte danach total

Angst vor Religion und vor all dem, was über Gott erzählt wurde. An Weihnachten sind wir früher schon mal in die Kirche gegangen, aber das war die Ausnahme. Ich bin getauft und bin auch zur Kommunion gegangen, aber das hatte keine Bedeutung für mich. Eine Abneigung gegenüber Religion hab ich schon früher gehabt. Es war von vornherein klar, dass es keinen Gott gibt. Ich hab eher an den Weihnachtsmann geglaubt als an Gott.

**Feierst du christliche Feste?** Ich feiere schon Weihnachten und Ostern, aber es war halt in unserer Familie nie so sehr das Religiöse, das dabei wichtig war. Ich wurde nicht so aufgezogen, dass Weihnachten ein religiöses Fest ist. Das war eher einfach so, um zusammen zu sein und sich einen glücklichen Abend zu machen. Es gab aber auch eine Phase, als ich 13, 14 war, da fand ich Weihnachten total schrecklich, so aufgesetzt. Ein Tag, an dem alle zwangsläufig glücklich sind und sich etwas schenken. Aber damit hab ich mich jetzt auch wieder langsam angefreundet. Ich find's okay, so zu feiern, aber ich feiere es nicht aus einem religiösen Glauben heraus.

**Hast du Freunde, die gläubig sind?** Mein bester Freund von damals, der immer noch mein bester Freund ist, der glaubt schon an Gott. Aber ich hab keine strenggläubigen Freunde. Es gibt einige, die denken, dass es irgendwas Übermenschliches gibt, aber nicht explizit Gott und die Religion. Ab und zu reden mein bester Freund und ich schon über den Glauben. Aber jedes Mal kommen wir wieder an den Punkt, wo wir uns einfach nicht mehr verstehen konnten. Weil er an etwas glaubt und ich das widerlege mit wissenschaftlichen

Argumenten, einfach meine Meinung sage und er seine, und dann kommen wir irgendwann zu einem Punkt, an dem wir das Thema abbrechen, weil wir beide wissen, dass es nichts bringt.

### Wie wurde in der Schule mit dem Thema Religion umgegangen?
Ich hatte Religionsunterricht in der Schule – den ich auch nicht mochte. Und irgendwann hatte ich dann Ethik, das mochte ich. Obwohl das ja auch mit dem Thema Religion zu tun hat. Aber eben auch mit anderen Sachen, mit Moral und so.

### Gibt es eine andere Religion als die christliche, die dich interessiert?
Ich finde den Buddhismus relativ interessant. Klar, mach ich mir schon manchmal Gedanken darüber, was nach dem Tod kommt, und da finde ich das die schönste Variante. Natürlich kann niemand wirklich wissen, was nach dem Tod kommt. Aber es wär schon irgendwie schön, wenn es so etwas wie Wiedergeburt gäbe, durch die man über sein Karma bestimmen kann. Obwohl das auch nur so was ist, das man sich einreden kann, um irgendeine Lösung für die Sache zu finden – man weiß es halt nie wirklich. Ich richte mich nicht nach irgendwelchen Lehren. Ich denke nur, dass so was vielleicht sein könnte.

### Wenn es für dich keinen Gott gibt und du nicht weißt, was nach dem Tod kommt – was ist für dich der Sinn des Lebens?
Ich lebe nicht nach irgendwelchen Regeln, um danach irgendetwas Gutes zu erlangen. Ich lebe so, wie es mir am meisten Spaß macht. Ich finde, das Leben ist ein ziemlich großes Geschenk; ich liebe es, zu leben. Ich versuche, viele Sachen zu machen, die mir Spaß machen, und viel zu entdecken und viel zu sehen und zu reisen und Kulturen kennenzu-

lernen und vielleicht auch Religionen, um solche Gedanken nachvollziehen zu können und zu verstehen – aber ich lebe nicht nach irgendwelchen Regeln. Das kommt mir sonst wie ein Spiel vor, bei dem man die Spielregeln befolgen muss. Lieber lebe ich so, dass es mir Spaß macht und dass auch meine Mitmenschen mit mir zusammen Spaß haben, dass es einfach ein erfülltes Leben ist in meinem Sinne. Dass ich viel lerne und viel sehe und viel erfahre.

**Glaubst du an das Schicksal oder irgendetwas anderes, das das Leben erklären kann?** Ich glaube nicht, dass Gott etwas so bestimmt hat, wie es kommt – dann schon eher eine Dimension namens Schicksal. Wenn irgendetwas passiert, das mich entweder richtig freut oder mich richtig traurig macht, dann begründe ich das manchmal so: »Irgendetwas wollte, dass ich das so mache, sonst wär etwas passiert, und deswegen ist das jetzt gut so.« Dann kann ich mich damit abfinden. Aber eigentlich ist es eher nicht so, dass ich von irgendetwas Göttlichem ausgehe.

**Was denkst du generell über Religionen?** Für manche Leute ist Religion bestimmt eine große Kraftquelle. Ich denke da zum Beispiel an Menschen, die in Dritte-Welt-Ländern leben und total verzweifelt sind und trotzdem ihren Glauben haben und dafür weiterleben. Das sind schon positive Aspekte der Religion, auch Menschenrechte und so. Ich finde es akzeptabel und toleriere es, dass Leute an etwas glauben, aber ich bin einfach nicht der Überzeugung, dass es einen Gott gibt oder dass es Jesus gab und diese ganzen Geschichten. Irgendwoher muss das schon kommen, aber ich glaub, das wurde auch von den Kirchen schöngeredet. Religion war halt auch ein relativ großes wirtschaftliches Programm.

Es gibt auch negative Aspekte, die mir ziemlich Angst einjagen. Religion ist so eine Sache, vor der ich häufig Angst hab, die ich nicht so an mich ranlassen will. Sie kann Menschen sehr verändern. Wenn jemand richtig krass glaubt und auch diese ganzen Regeln und Verbote befolgt, dann gibt es Leute, die sich einfach darin verlieren und dann total kopflos irgendwas Dummes machen. Wie mächtig Religion sein kann, das find ich angsteinflößend, weil ich ja denke, dass das einfach eine erfundene Sache ist. Das ist schon krass, was für eine Macht Religion ausüben kann.

**Gibt es etwas, das für dich eine solche Kraftquelle ist?** Ich reise viel. Nach dem Abi war ich schon in Barcelona, Schweden, Berlin. Das ist das, woher ich meine Kraft nehme. Neue Sachen sehen, Leute besuchen, … Reisen und Entdecken sind für mich ziemlich wichtig. Lesen auch, vor allem auf Reisen. Das ist wie eine Pause, man schaltet den Kopf ab und ist im Buch. Ich male auch sehr gerne und mach unglaublich gerne Musik – das sind Dinge, aus denen ich Energie schöpfe.

**Du willst jetzt ein Jahr durch Südamerika reisen – dort spielt die Religion eine ganz andere Rolle als hier. Was denkst du, wie das werden wird?** Ich hab mir darüber schon Gedanken gemacht. Und ich denke, dass ich auf jeden Fall so tolerant wie möglich an die ganze Sache rangehen werde oder auch muss. Ich hab kein Problem damit, dass die Leute glauben, aber ich werde mich nicht mit denen zusammensetzen und beten. Aber vielleicht werd ich sonntags mit ihnen in die Kirche gehen. Ich werde schon was ausprobieren und mich vielleicht sogar damit beschäftigen, damit ich das besser kennenlerne und die Angst davor verliere. Ich will auf jeden Fall tolerant mit der Sache umgehen und ich will mir da auch keine Feinde machen. Ich find's okay, dass sie glauben, und sie sollten okay finden, dass ich nicht glaube. Das sollte immer ein ausgeglichenes Spiel sein, finde ich. Wenn ich damit richtig konfrontiert werde, dann muss ich gucken, wie ich da mitspielen kann, ohne dass ein Konflikt entsteht.

Laura, 19, hat gerade ihr Abitur gemacht und reist jetzt durch Südamerika.

Ilona Einwohlt

# Ich bin ein echter Glücksvogel

Es war letztes Jahr im Sommer, als ich nach einer unruhigen Nacht morgens früh um fünf auf meine Dachterrasse ging, um noch, dick in eine Fleecedecke eingewickelt, im Liegestuhl ein wenig vor mich hinzudösen. Wir wohnen am Wald, und ich bin es gewöhnt, dass die Vögel um diese Jahreszeit bereits in aller Herrgottsfrühe am Zwitschern sind. Doch jener Grünfink rührte mich an diesem Morgen auf besondere Weise: Er saß dort hoch oben auf einer Tannenspitze und hatte nichts anderes zu tun, als voller Inbrunst und minutenlang der Morgensonne ein Ständchen zu flöten. Sein einziger Lebenssinn bestand darin, zu singen. Ich war in jenem Moment unglaublich neidisch! So frei würde ich auch gerne mal sein, dachte ich, genauer gesagt: einfach nur da sein, ohne Zeitdruck, ohne Verpflichtungen, ohne Verantwortung, einfach nur dem lieben Gott ein Liedchen singen und mich meines Lebens freuen. Im nächsten Atemzug musste ich mir eingestehen: Hast du doch, bist du doch, du musst es nur wahrnehmen und daran glauben. Es gibt da jemanden, der dich so liebt, wie du bist, ohne Wenn und Aber, ohne Bedingung, mit all deinen Ecken und Kanten. Du bist fröhlich, beschützt, frei, geliebt ...

## Fröhlich wie ein Vogel

Ich bin im evangelischen Glauben aufgewachsen, und es gab für mich nie einen Grund, daran zu zweifeln, dass da eine höhere Macht existiert. Im Gegenteil, ich habe immer fest darauf vertraut, dass für mich alles gut wird und dass da jemand ist, der auf mich aufpasst. Natürlich war mir das nicht immer so klar, und erst recht nicht konnte ich gut darüber sprechen, geschweige denn schreiben. Als Jugendliche fand ich diese Glaubensdiskussionen immer peinlich und bin ihnen gerne aus dem Weg gegangen. Noch schlimmer empfand ich in jener Zeit Begegnungen mit Menschen, die sich auf die Fahne geschrieben hatten, Gott zu dienen, indem sie immer und überall von ihm sprachen. Erstens war mit ihnen selten ein richtiges Gespräch über Glaubensinhalte möglich, weil sie einem sofort Bibelsprüche und Bekehrungsformeln um die Ohren knallten. Und zweitens wirkten sie auf mich immer so seltsam bedrückt (entrückt sowieso), weil sie die Welt der Genüsse für eine Versuchung hielten, der man zu entsagen hatte. Bis heute verstehe ich nicht, wieso jemand, der so tief an Gott glaubt und von ihm so erfüllt ist, dass er aller Welt davon erzählen muss, keine Freude und Fröhlichkeit dabei empfindet. Ich bin mir sicher, der liebe Gott ist ein fröhlicher Gott und will, dass es uns gutgeht.

Auch wenn die wahre Erlösung für uns Christen erst im Himmel stattfindet, heißt das für mich noch lange nicht, dass wir hier und

# Weil ich aber tief in mir weiß, kann ich mich getrost für eine Weile

heute keinen Spaß am Leben haben dürfen! Lustvoll lieben, sich ausprobieren, gehört doch alles dazu. Ich bin mir sicher, der liebe Gott sieht über vieles hinweg und denkt sich seinen Teil, nach dem Motto: Wenn's ihr Spaß macht, im Regen zu tanzen, soll sie doch! Wenn sie ihr Glück im Marathonlauf sieht, bitte schön, sie muss ja herausfinden, was zu ihr passt und wer sie ist. Wenn sie Lust hat, verrückte, unvernünftige Dinge zu tun, na, dann los, wenn sie es so sehr mag, dann ist es ihr Weg … Manchmal ist es aber auch unglaublich schwer, fröhlich zu sein angesichts von Stress im Job oder langwierigen Krankheiten. Wenn Streit in der Familie herrscht, Geldsorgen oder wenn griesgrämige Zeitgenossen einem das Leben schwermachen, dann ist alles öde und doof. Da möchte ich mit der Decke über dem Kopf einfach liegen bleiben und mich vergraben. In solchen Momenten fällt es mir zugegebenermaßen schwer, mich an sein Licht zu erinnern, das mir guttut und mich fröhlich macht. Weil ich aber tief in mir weiß, dass es da ist und ich darauf vertraue, kann ich mich getrost für eine Weile in meine Traurigkeit fallen lassen. So lange, bis ich in der Dunkelheit um mich herum endlich wieder den Lichtschalter finde, um es für mich anzuknipsen, damit es mich erleuchtet und wärmt. Gut, dass mich dieser Vogel an jenem Morgen daran erinnert hat, wie leicht es sein kann, fröhlich zu sein …

Ilona Einwohlt

*dass es da ist und ich darauf vertraue,*
*in meine Traurigkeit fallen lassen.*

## Beschützt wie ein Vogel

Der liebe Gott meint es gut mit mir. Als Jugendliche habe ich laut schmetternd *In wie viel Not hat nicht der gnädige Gott über dir Flügel gebreitet* gesungen, während ich durch die Dunkelheit nach Hause geradelt bin ... Heute noch gewinne ich durch dieses alte Kirchenlied meine innere Kraft (zurück), fasse ich Vertrauen und Zuversicht. Ich bin dann stark genug, unangenehme Situationen zu meistern, weil ich mir sicher sein kann, dass mir nichts passiert, weil ich weiß: Wenn ich falle, fängt mich immer einer auf, ich kann nicht tiefer fallen als in Gottes Hand.

Ich glaube daran, dass bestimmte Wege vorgezeichnet sind und nicht in unserer Macht stehen, manchmal sind wir dem Lauf der Dinge einfach ausgeliefert. Gleichzeitig bin ich davon überzeugt, dass wir jede Menge dazu beitragen können, unser Leben, unser Schicksal zu gestalten – und dass der liebe Gott auch möchte, dass wir Eigenverantwortung für uns übernehmen. Nach dem Motto: Ein Teil Schicksal, ein Teil du. Er traut mir zu, dass ich mein Leben – so gut es eben geht – selbst in die Hand nehme, Verantwortung für mich und mein Handeln übernehme, meinen Weg gehe, weil es sich immer besser anfühlt, etwas aktiv zu gestalten, als passiv auszuhalten. Diese Wahl habe ich immer! Ich darf Gott darum bitten, dass er mir beisteht, mich freund-

Ich bin fröhlich,
beschützt und frei.

# Ein echter Glücksvogel.

lich leitet, aber nicht, dass er meine Bestellungen und Wünsche erfüllt. Denn für gute Noten, beruflichen Erfolg, glückliche Partnerschaft und enge Freundschaften muss ich selbst etwas tun.

Natürlich kann ich für alles Schlechte, was mir widerfährt, Gott die Schuld geben, die Verantwortung abgeben. Ich kann mir einen Schutzengel als Halskette umhängen und dann mit dem Rad den Berg runterdonnern. Und wenn ich dann einen Unfall baue, sagen: Siehste, funktioniert nicht. Aber so ist es nicht gemeint. Wenn ich an Gottes Schutz und Fürsorge glaube, mich an seine Flügel erinnere, die mich sicher durchs Leben leiten, dann heißt das auch, dass ich meinen Teil zum Gelingen beitrage. Ich selbst trage oft einen kleinen Schutzengel aus Messing bei mir, er erinnert mich in schwierigen Situationen daran, dass ich nicht alleine bin. Ich bin eben gut beschützt!

## Frei wie ein Vogel

Ich habe das Glück, in einem freien, demokratischen Land zu leben, ich muss mit meinen Gedanken nicht hinterm Berg halten und kann meinen Glauben frei praktizieren. Ich habe die Freiheit, zu reisen, darf meine politische Meinung äußern, gerade und erst recht als Frau.

Vor allem aber bin ich frei von religiösen Zwängen! Das heißt nicht, dass ich christliche Feiertage, Traditionen oder Rituale ablehne. Im Gegenteil, sie geben mir Halt, strukturieren mein Leben, regen mich zur Einkehr und Besinnung an, was vor allem an turbulenten Weihnachtsfeiertagen nötig ist. Aber, und das ist für mich sehr wichtig, ich bin keine Marionette, die tun muss, was Pfarrer und Kirche von ihr verlangen. Ich habe immer die Möglichkeit, frei zu entscheiden, was ich tue, mich in das Gemeindeleben einzubringen, Diskussionen anzuregen oder einfach nur Kuchen zu verkaufen. Ich entscheide, wann ich welchen Gottesdienst besuche, wie und wo ich heirate (weiß, bauchfrei, auf einem Schiff, das sich Gemeinde nennt…), wann und ob ich meine Kinder taufe.

Für mich gibt es keine Umwege, um mit Gott zu sprechen, ich bin frei, mein Gebet zu gestalten, meine Sorgen abzuladen oder mich gar bei ihm spontan für den schönen Tag zu bedanken, wann und wie immer mir danach zumute ist. Ich brauche dazu keinen Gebetsteppich, keinen Altar, keine Bank und keinen Rosenkranz. Das geht beim Fahrradfahren frühmorgens durch den Wald genauso wie beim Kochen oder Meditieren auf der Matte, manchmal mehrfach täglich, manchmal gar nicht. Ich kann wählen, was für mich stimmig ist, tanzen, feiern, beten, lachen, schweigen, traurig sein, alles, was mich ausmacht, wie *ich* bin, wie es mir selber gefällt. Ich bin frei!

## Geliebt wie ein Vogel

»Gott ist Liebe, und wer in der Liebe bleibt, der bleibt in Gott und Gott in ihm« (Joh. 4, 16), das ist mein Konfirmationsspruch. Als Teenie habe ich ihn ausgesucht, weil damals natürlich das Thema Liebe brandheiß für mich war. Heute weiß ich, dass er für mich einen tieferen Sinn verbirgt, denn die Liebe ist mein Motor für all die Dinge, die ich tue. Die Liebe trägt mich durchs Leben, macht, dass ich verzeihen und

Wahrheiten annehmen kann, sorgt dafür, dass ich mit lieben Menschen zusammen bin, mit Liebe begegne. Hier glaube ich unbedingt an das irdische Gesetz der Anziehung, an das, was die Wissenschaft inzwischen über Spiegelneuronen herausgefunden hat: Gutes zieht Gutes an, lach und die Welt gehört dir! Öffnet man seinen Blick und nimmt bewusst all das Schöne und Glückliche um sich herum wahr, anstatt ständig die negativen Aspekte zu bejammern, fühlt man sich nicht nur besser, sondern erlebt ungleich viel mehr Freude und Licht. Die Liebe in mir schenkt mir die Kraft und Energie, meine Texte zu schreiben, meine Ideen und Gedanken in Wort und Schrift zu formulieren, so lange an Sätzen herumzubasteln, bis sie sagen, was ich meine.

Liebe hilft mir in traurigen Stunden (und bei schlechtem Wetter!), meine gute Laune und meinen Glauben nicht zu verlieren. Und sie ist mein innerer Motor, sie schenkt mir die Leidenschaft, mich zu engagieren, in der Schule, im Beruf, in der Familie, immer wieder das Gute in allem herauszufinden, den Frosch schönzuküssen, wenn mal etwas nicht so läuft, wie es soll. Aber das kann ich nur, weil ich an die Liebe glaube – und geliebt werde, mit all meinen Ecken und Kanten. Ich bin fröhlich, beschützt und frei. Ein echter Glücksvogel.

Ilona Einwohlt, 43, hat Germanistik und Spanisch studiert. Seit vielen Jahren schreibt sie mit Liebe, Lust und Leidenschaft erfolgreich Bücher für Kinder und Jugendliche.

# »Niemand muss glauben, wenn er nicht überzeugt ist«

## Interview

**An welchen Gott glaubst du?** Ich glaube an Gott, Allah auf Arabisch. Gott ist für mich der Schöpfer dieser Welt, und er sagt, dass wir alles auf dieser Welt genießen dürfen. Er ist für alle Menschen da, egal welcher Hautfarbe.

Gott hat nach dem Islam 99 verschiedene Namen. Jeder dieser Namen drückt eine andere Eigenschaft aus. Zum Beispiel ist er »der Gebende«, »der Geduldige«, »der Schöpfer«. Das sind für mich Worte, die Gott beschreiben. Bildlich sollten wir uns ihn nicht vorstellen, weil er ein Wesen ist, das wir erst sehen können, wenn wir ins Paradies kommen. Bis dahin ist er derjenige, der zwar herrscht, aber den man nicht sieht, an den man glaubt, ohne ihn gesehen zu haben. Nach meinem Glauben ist es so, dass ich an alle Propheten glaube, von Adam über Jesus bis Muhammed. Das nennen wir die Prophetenkette. Es gibt für uns vier heilige Bücher, die Psalmen, die Thora, die Bibel und den Koran, der Gottes Wort war und ist. Aber nach meinem Glauben ist der Islam keine neue Religion, er hat die anderen vervollkommnet. Hätte ich in der Zeit von Mose gelebt, hätte ich an Mose geglaubt. Hätte ich in der Zeit von Jesus gelebt, hätte ich an Jesus geglaubt. Wenn ich jetzt den Koran aufschlage, finde ich zum Beispiel auch die Zehn Gebote, ich finde auch die Nächstenliebe und andere Themen. Ich kann nicht sagen, dass die anderen Religionen falsch sind, aber glaube an die letzte Religion, die das ganz vervollkommnet hat, und das ist der Islam für mich.

**Wie lebst du deinen Glauben?**   Ich bete fünfmal am Tag. Das ist unser Gebet, und das Gebet ist Pflicht. Wenn ich bete, wende ich mich Richtung Mekka. Bei diesem Pflichtgebet handelt es sich um festgesetzte Verse aus dem Koran. Da betet man zum Beispiel für alle Menschen. Dazu gibt es noch freiere Gebete, da geht es um persönliche Anliegen. Es gibt Dankgebete und Bittgebete. Wie man es bei den Christen kennt, benutzen auch wir zum Beten unsere Hände. Viele meiner Gebete sind schon erhört worden. Ich hab zum Beispiel für Sachen in der Schule gebetet, die in Erfüllung gegangen sind. Es wird so gelehrt, dass, wenn wir Gebete zu Gott sprechen, er die entweder akzeptiert oder sie auf eine andere Art und Weise zurückgibt. Wenn ich etwas bete, das für mich eigentlich schlecht ist, dann gibt er es mir auf eine andere Art zurück. Des Öfteren lese ich auch im Koran. Der Koran wurde den Menschen nicht einfach so herabgesandt, sondern er ist innerhalb von 23 Jahren entstanden. Dabei gibt es auch Dinge, die man für die heutige Zeit neu deuten muss, weil es damals anders war. Es gibt den Koran in allen Sprachen, ich lese ihn auf Arabisch, aber um auch wirklich zu verstehen, was gemeint ist, lese ich dann noch mal auf Deutsch und auch auf Türkisch. Wir Muslime sammeln gute Taten – wenn man zum Beispiel anderen Menschen hilft, auch das Koranlesen gehört dazu. Das gehört zu den Pflichten eines Muslims. Ich versuche, Kleinigkeiten in mein Leben einzubauen, die mir oder anderen Menschen guttun. Ich will anderen Menschen helfen, auch den älteren Menschen, wo es nur geht. Dass ich das Kopftuch trage, mich bedecke, ist ein Zeichen dafür. Gott ist immer bei mir, egal, wo ich bin und was ich tue. Er liebt mich und handelt auch an mir. Zum Beispiel gibt er mir zwei Wege, und ich entscheide mich selber, welchen Weg ich gehen will.

**Glaubt deine Familie auch an Allah?**  Ich bin in einer religiösen Familie aufgewachsen und habe schon in meiner Kindheit an Gott geglaubt. Während der letzten fünf Jahre ist es dann intensiver geworden. Ich hab auf einmal mehr von dem verstanden, was ich getan habe. Davor war es so, dass ich einfach gebetet habe, aber jetzt weiß ich, dass dahinter etwas ist, das mich erhört und mir eine Antwort gibt. Seit ich zwölf bin, ist es so, dass ich den bewussten Glauben auslebe. Davor war es mehr das Kindliche, was man so lernt und einfach mitmacht. Aber seitdem versuche ich, mir immer mehr anzueignen an Wissen und an Taten.

**Wie gehst du im Alltag mit deinem Glauben um?**  Aktuell hilft mir mein Glaube in der Schule. Ich weiß, dass ich, bevor ich etwas mache, auch auf Gott vertrauen kann. Er weiß, was mir guttut. Es gibt kleine Gebete, die man vor Prüfungen sagen kann. Das ist ein Satz, den ich mir aufsage, und ich weiß genau, der wird mir helfen. Zum Beispiel: »Oh Gott, gib mir die richtigen Worte, dass ich sie sage!« Dieses Gebet hat mir in der Schule sehr oft geholfen. Die Leute in der Schule wissen natürlich, dass ich Muslimin bin. Ich bin nicht scheu und beantworte die Fragen, weil ich ein offener Mensch bin. In der Schule, wenn die Leute Fragen haben, erzähle ich gerne. Und an meinem Kopftuch erkennt natürlich jeder, dass ich Muslimin bin. Aber Missionieren ist im Islam verboten. Man darf die Menschen, wenn sie Interesse haben, zum Gottesdienst einladen. Man darf aber niemanden dazu zwingen, das steht im Koran im 2. Kapitel, Vers 256. Jeder Mensch darf selber entscheiden, ob er an Gott glaubt oder nicht. Es gibt auch Muslime, die an Gott glauben, aber ihren Glauben nicht praktizieren.

**Wie erlebst du Gott?**   Vor einem Jahr war ich in Mekka und Medina, den beiden heiligen Städten, in die man auch pilgert, wenn man die Pilgerreise macht. Man kann dieses Gefühl schwer beschreiben, aber man weiß, dass dort gerade Gott wirklich ist. Im Koran steht, dass Gott uns näher ist als die Halsschlagader. Ich denke nicht, dass es Zeiten gibt, in denen Gott uns Menschen vergisst. Ich glaube daran, dass Gott immer da ist. Als ich in Mekka war und das erste Mal das kleine, schwarze Gotteshaus gesehen habe, die Kaaba, war ich hin und weg. Da bringt man kein Wort mehr raus und kann für den Moment an nichts denken. Das war sehr besonders. Es gibt aber auch Kleinigkeiten, die im Alltag passiert sind. Ich hab zum Beispiel mit einer Freundin gefastet. Dann war das Fasten zu Ende und wir wollten etwas essen gehen. Auf dem Weg stellte ich fest, dass ich das Geld vergessen hatte. Ich brauchte noch zwei Euro, und dann fiel mir plötzlich ein, dass ich doch noch in einer Tasche genau zwei Euro haben müsste, wir sagten uns: »Vertrauen wir Gott!«, sahen dort nach und fanden auch genau die zwei Euro. So hab ich Gott schon erlebt.

**Gibt es besondere Feste im Islam?**   Es gibt die zwei Hauptfeste im Islam. Einmal Ramadan, das nach 30 Tagen Fasten gefeiert wird. Da besucht man die Familie, man isst zusammen, man wird beschenkt, es ist so ähnlich wie Weihnachten. Der Ramadan verschiebt sich jedes Jahr um zehn Tage, weil er nach dem Mondkalender gerechnet wird. Er kommt jedes Jahr immer eher, vor ein paar Jahren war er noch im Dezember, jetzt ist er im August. Beim Ramadan erwartet man den Moment, in dem der neue Mond am Himmel als Sichel zu sehen ist. Und am Ende der 30 Tage ist es wieder so, dass der Neumond da ist, und dann weiß man, dass der Ramadan jetzt vorbei ist. Das zweite wichtige Fest ist das Opferfest, das vom Propheten Ibrahim und seinem Sohn Ismael kommt. Abraham sollte eine göttliche Probe auferlegt bekommen, er sollte seinen Sohn Gott opfern. Nachdem Gott aber sein Vertrauen gesehen hatte, die Stärke und die Bereitschaft, dies wirklich zu tun, gebot er ihm Einhalt. So wurde ein Tier für Gott geopfert. Auch beim Opferfest feiern wir mit der Familie und Freunden. Außerdem opfern wir ein Tier und geben jeweils ein Drittel des Fleischs an Verwandte und Nachbarn, arme Menschen und die eigene Familie weiter.

### Gibt es noch weitere besondere Regeln?
Homosexualität und auch Sex vor der Ehe sind tabu. Bei uns wird die Ehe als ein Segen angesehen, sie ist etwas sehr Wertvolles, sie vervollkommnet den Glauben. Eine Ehe ist für uns dann nur vollständig, wenn man eine Familie gründet, eigene Kinder hat, und das ist ja bei Homosexuellen nicht möglich. Man sagt, dass die Ehe noch einmal die Hälfte des Glaubens ausmacht, dass sie diesen Wert hat. Geschlechtsverkehr vor der Ehe ist für mich auch verboten, das ist Teil meiner Religion und daran halte ich mich.

### Zweifelst du manchmal?
Es ist so, dass jeder Mensch, wenn er zu tiefgründig nachdenkt, anfängt zu grübeln. Aber ich hab eigentlich nie gezweifelt. Wenn kritische Fragen kommen, dann war es viel-

leicht so, dass ich einen Moment gedacht habe: Was jetzt? Aber dann hab ich mich mit einem Gebet an Gott gewandt, Zuflucht bei ihm gesucht und der Zweifel war weg.

**Was hältst du von anderen Religionen, und was würdest du jemandem vorschlagen, der gerne glauben möchte, aber nicht weiß, wie?** Ich lebe nicht nur mit Muslimen, sondern auch mit Christen oder Andersgläubigen. Ich möchte mit allen Menschen zusammen sein, egal, ob das Juden, Christen oder Buddhisten sind, und versuche, auch von den anderen etwas zu lernen. Ich entdecke dort Gemeinsamkeiten, aber sehe auch Unterschiede. Menschen, die gerne glauben möchten, aber nicht wissen, wie sie es anstellen sollen, würde ich raten, dass sie sich informieren sollten, ohne Vorurteile zu haben. Und dann sollten sie wirklich aus eigener Überzeugung handeln, aus dem Herzen. Aber ich denke nicht, dass man glauben muss, denn das Wort »müssen« beinhaltet ja, dass es einem aufgezwungen wird. Deswegen sage ich: »Nein, niemand muss glauben, wenn er nicht überzeugt ist.«

Enise, 19, studiert *Erziehung und Bildung von Kindern*. Anschließend möchte sie eventuell Islamwissenschaft studieren.

Dani Levy

# von KATZEN und MÄUSEN

Dani Levy

Der Patient sitzt dem Psychiater glücklich gegenüber. Er wird heute, nach längerer Behandlung, endlich aus der Psychiatrie entlassen. »Freut mich sehr, dass wir Sie gehen lassen können«, lächelt der Arzt. »Ich freue mich auch sehr«, sagt der Patient. »Es war ein langer Weg, aber es hat sich gelohnt.« »Ja, es hat sich gelohnt«, wiederholt der Patient. »Sie wissen ja jetzt, dass Sie keine Maus sind, richtig?« »Ja«, lächelt der Patient glücklich, »ich weiß, dass ich keine Maus bin.« Dann beugt er sich näher zum Psychiater und raunt ihm leise zu. »Ich weiß es schon, aber weiß es auch die Katze, die da draußen wartet?«

Jude sein ist für die meisten von uns eine Lebensaufgabe. Wir werden nicht einfach in eine Religion hineingeboren, wir werden in ein Kraftfeld gestellt, aus dem es kein Entkommen gibt, egal, wie wir uns dazu verhalten. Ich denke, dass das in den meisten Religionen so ist.

Mein Judentum, die Kultur, in die ich hineingeboren wurde und die mich aufgezogen hat, war kein stürmischer, kein strenger Wind. Es war die laue Brise einer freiheitlichen Erziehung. Obwohl meine Mutter noch aus ziemlich orthodoxen (also gläubigen und praktizierenden) Verhältnissen stammt, war das Leben in unserer Familie ziemlich unorthodox, fast säkular (also weltlich und unabhängig von der Religion). Und trotzdem war ich von meinem ersten Tag an Jude. Ich rede nicht von der Beschneidung der Vorhaut und nicht von religiösen Ritualen in unserem familiären Alltag, ich rede von einem tief verwurzelten Gefühl. Es gab in meinem Leben nie einen Zweifel darüber, was ich bin und wer ich bin. Die Identität Jude begleitet mich, seit ich denken kann.

Es gibt viele andere Identitäten, die ich wesentlich weniger fühle. Ich bin ein Mann, okay, darüber gibt es (leider) keinen Zweifel. Ich bin Schweizer, das ist zwar immer noch deutlich hörbar, aber nicht so sehr in mir verwurzelt. Ich bin Filmemacher, das habe ich mir zwar ausgesucht, aber nicht immer fühlt sich das in meinem Innersten so an. Ich bin heterosexuell, aber auch dies ist keine ähnlich feste Größe.

Jude sein ist vermutlich eher, wie Mitglied in einem weltumspannenden Club zu sein. Wie sagt Groucho Marx (oder war es Oscar Wilde?) so schön: »Ich würde nie Mitglied in einem Club sein, der mich als Mitglied aufnimmt.« Nun, wir sind alle drin. Und obwohl wir vielleicht damit hadern, würden wir nicht austreten. Ich zumindest kann mir das nicht vorstellen. Weder würde ich das wollen, noch könnte ich mir vorstellen, wie das gehen sollte.

Was ist es also, das mich als Juden definiert? Diese Frage ist vermutlich ähnlich kompliziert wie die des oben geschilderten Patienten. Bin ich die Maus oder werde ich nur als Maus wahrgenommen? Ist die Welt da draußen ein unübersichtlicher Dschungel von wild herumstreunenden Katzen?

wild herumstreunenden Katzen?

# Bin ich die Maus oder werde ich nur als Maus wahrgenommen?

Ich bin etwa zehn Jahre nach dem Ende der Nazidiktatur geboren worden. Im Gegensatz zu den Juden aus jener Zeit fühle ich mich als Teil meiner Umwelt. Ich lebe in gegenseitigem Respekt mit anderen Kulturen. Seit 1980 lebe ich als Jude in Berlin, in Deutschland. Berlin war die Stadt, aus der meine Vorfahren, die Familie meiner Mutter, 1939 mit Müh und Not und falschen Papieren vor den Nazis fliehen konnten. Was zum Teufel hat mich zurück nach Deutschland verschlagen?

Die meisten meiner Freunde sind Christen, zumindest ihrer Herkunft nach. Ich komme mit ihnen genauso gut zurecht wie mit den muslimischen Freunden, die ich habe. Ich glaube, ich kann behaupten, dass mein Judesein für meine Freunde weniger Bedeutung hat als für mich.

Das Bewusstsein, Jude zu sein, ist irgendwie in uns implantiert. Das hat sicherlich historische Gründe. Wir sind eine relativ kleine Glaubensgemeinschaft mit einer überdimensionalen Flucht- und Verfolgungsgeschichte. Bis heute ist die Existenz der Juden keine Selbstverständlichkeit, das spannt sich vom weitverbreiteten Antisemitismus in Russland und den osteuropäischen Staaten bis zur ungeklärten Frage der Existenz Israels in der arabischen Welt. Dieses jahrtausendealte Gefühl, nicht gewollt oder gemocht zu werden, ist sicherlich Teil unserer Persönlichkeit.

Dani Levy

Ein weiteres identitätsstiftendes Merkmal ist unsere wild gemischte Zusammensetzung. Kein Wunder, seit mehreren tausend Jahren wandern wir auf der Welt umher und vermischen uns.

Ich habe zeitlebens die Erfahrung gemacht, dass Juden sich weltweit gastfreundlich und auf eine abstruse Weise solidarisch miteinander verhalten. Zumindest da, wo sie eine Minderheit sind. Israel liegt auf einem anderen Planeten. Es gibt unter Juden tatsächlich das Gefühl, aus einer Familie zu kommen. Diese eigentümliche Verbindung überwindet politische, geografische oder gar ästhetische Grenzen. Natürlich, es gibt viele Völker und Kulturen, die ähnliche Merkmale aufweisen, die wild gemischt, auf der Welt verteilt, sich als Familie fühlen. Religion hat die Fähigkeit, Menschen zu verbinden, zusammenzubringen und ihnen ein Gefühl der Gemeinschaft zu bieten. Im Judentum kann dies weit über die religiösen Vorstellungen passieren.

Der dritte und vielleicht streitbarste Grund sind unsere eigene Wahrnehmung und die offensive Art, wie wir uns selber darstellen. Wir machen viel Wind um uns. Wir werden nicht müde, uns zueinander und zu anderen zu positionieren, unsere Verschiedenheit herauszustellen, uns neu zu definieren, uns zu suchen und gelegentlich zu finden. Wir haben unsere Markenzeichen, den jüdischen Humor, die Psychoanalyse, die beißende Ironie und eine geschäftliche Intelligenz. All dies haben wir nicht alleine zu verantworten. Wir sind oft Gesprächsstoff und Objekt von Liebe und Hass. Juden waren selten unauffällig und noch seltener selbstverständlich. Wir spiegeln uns, kritisieren uns selbst, kränken und heilen uns, wir sind eine kleine gruppendynamische Armee von Egozentrikern. Wie gesagt, ich habe dies mit der Muttermilch und dem Vatersegen eingesogen, und ich muss zugeben, dass mich das Leben in dieser Familie enorm prägt und – dass ich es liebe.

Die jüdische Religion besteht aus einem komplizierten und ausschweifenden Regelwerk. Es ist ja nicht bei den Zehn Geboten geblieben, die Gott Moses auf die Steintafel diktiert hat. Inzwischen sind mehrere tausend Jahre heftigster Auseinandersetzungen ins Land gegangen. Unzählige Rabbiner, weise und mächtige Religionsführer, haben umfangreiche Gesetze erlassen. 613 Ge- und Verbote umfasst die jüdische Religion. Die Idee, die dahintersteckt, ist nicht dumm: Der einfache, fehlbare Mensch sei nicht in der Lage, Recht von Unrecht zu unterscheiden und sich wahrlich gut zu verhalten, also gibt ihm das Judentum alle Verhaltens-Hilfsmittel zur Hand, um ein erfülltes und gutes Leben zu leben. Für sich, für die Familie, für die Gemeinschaft und natürlich für Gott. Um dieses Regelwerk herum gibt es ein riesiges Diskussionswerk, den Talmud. In ihm diskutieren verschiedene Rabbiner die Auslegung und Interpretation fast jedes Paragrafen des Alten Testaments. Wer sich also dem Studium der Thora und des Talmuds verschreibt, wie dies Millionen orthodoxer Juden weltweit tun, der studiert nicht nur das zentrale Werk, sondern beschäftigt sich auch mit all den Diskussionen darum herum. Dies ist wichtig, zu wissen, wenn man uns Juden verstehen will. Wir müssen diskutieren, wir können nicht anders. Wir sind aus Tradition verpflichtet, zu diskutieren. Was auch immer man tut und ist und nicht mehr sein will – es geht nicht einfach so. Der Weg ist auch im Judentum das Ziel. Es gibt nichts, nicht einmal die Geschichten des Alten Testaments, die nicht diskutiert werden dürfen und sollen. Vielleicht macht das deutlicher, warum man als Jude aus unserem Club nicht austreten will und kann. Auch wenn sich Bob Dylan phasenweise als »newborn christian« deklariert, er wird immer Jude sein, durch und durch.

Ein wichtiges Element meines Lebens war schon immer die Widersprüchlichkeit. Meine Familie war widersprüchlich (nun gut, das sind vermutlich fast alle Familien), unser Verhältnis zur Religion war es (wir haben wenig praktiziert und öfter so getan, als ob), meine Existenz ist widersprüchlich (»Wer bin ich und wenn ja, wie viele?«), und was nicht widersprüchlich ist, wird widersprüchlich gemacht. Damit ist der Hook, der Angelhaken zum Judentum gesetzt. Keiner kümmert sich so liebevoll um Widersprüche und die unauflösbaren Gleichungen wie Familie Judentum. Das gibt Trost. Und Trost ist ein wichtiges Element von Religion, oder sehe ich das falsch?

Religion ist ein enorm kraftvolles, aber auch massives Gebäude um Ideen. Seit Jahrtausenden wird um diese Ideen gestritten, untereinander und gegeneinander, und auch der Streit zwischen Religion und Politik ist heute genauso aktuell wie eh und je. Die meisten Kriege sind Glaubenskriege, Mord und Totschlag im Namen von Ideen.

Für mich hat der Glaube eine wesentlich kleinere Bedeutung als die Identität. Ich war schon immer unsicher, an was oder wen ich glauben sollte. Den Anspruch des Judentums als »Gottes auserwähltes Volk« fand ich genauso fraglich wie den Führungsanspruch anderer Religionen. Im Inneren des Wals war es meistens dunkel für mich. Mein eigenes Leben verlief in kurvenreichen Bahnen, ich war politischen und gesellschaftlichen Prozessen ausgesetzt, die mich weit mehr beschäftigten als die »alten« Religionsfragen.

Als ich 1980 nach Berlin zog, war die Stadt in Aufruhr. Die Jugendrevolte der 80er-Jahre, die Hausbesetzer, die Friedensbewegung, die Anti-Atomkraft-Bewegung. Der Kalte Krieg spaltete die Welt entzwei, Ost und West waren bis auf die Zähne mit Atomwaffen aufgerüstet – ein Funken, und es hätte gebrannt in Mitteleuropa.

Religiöse Konflikte waren dagegen schon immer Konflikte zwischen Arm und Reich, zwischen denen in den Häusern und denen in den Hütten. Auch heute geht es nicht nur um die Ideen der jeweiligen

# Keiner kümmert sich so und die unauflösbaren

Religionen, sondern um die nackte Existenz. Es geht um Herrschaft, um Rechte, um Freiheit und um Chancen. Wir sind weit davon entfernt, uns gesittet über Ethik unterhalten zu können.

Entsprechend macht es durchaus Sinn, dass ich da bin, wo ich bin. Ein verwirrter Jude macht Filme über verwirrte Menschen in einer hochgradig komplexen Welt. Die Widersprüche, in denen ich kulturell beheimatet bin, sind der Fundus meines verzweifelten Humors. So entstehen Komödien. Schon seit Jahrhunderten. Die Welt, in der wir uns erst zurechtfinden und dann zu Hause fühlen wollen, macht uns allen Probleme. Sie wird immer enger, immer offener und immer verworrener. Die Transparenz, die uns das Internet und die neuen Kommunikationsformen bieten, macht auch sichtbar, wie kompliziert alles ist. Alles ist mit allem verwoben – und leider ist nicht alles erleuchtet. Je mehr ich weiß, umso weniger verstehe ich. Die, die verstehen wollen, müssen glauben, und die, die glauben wollen, müssen verstehen.

Vielleicht macht dies alles erklärbar, warum ich seit Jahren der Philosophie und dem Ansatz des Buddhismus geistig verbunden bin. Als Jude, selbstredend. Der buddhistische Gedanke kennt kein Vorher und Nachher, kein Innen und Außen, kein Ich und die Welt. Keinen

Dani Levy

# Liebevoll um Widersprüche Gleichungen wie Familie Judentum.

Weg und kein Ziel, keine Dauer und keinen Bestand. Alles ist im Fluss, alles verändert sich ständig. Man kann nichts anhalten und nichts festhalten. Wir sind alle in einem unsichtbaren Netz miteinander verbunden, nicht nur wir Menschen, alles, was es gibt, gab und geben wird.

Im Buddhismus wäre der Patient in Wirklichkeit doch die Maus. Der Psychiater, der ihn behandelt hat, wäre in Wirklichkeit der Patient. Und die Katze wäre ich. Aber da das alles zu verwirrend und zu verstörend wäre, bleibt der Witz ein jüdischer Witz und alles ist wieder wie am Anfang.

Dani Levy, 54, aufgewachsen in Basel, arbeitete zunächst als Schauspieler, bevor er Mitte der 1980er-Jahre seinen ersten Film in Berlin drehte. Seitdem folgten zahlreiche Filme, u.a. *Alles auf Zucker!* und *Das Leben ist zu lang*, die sich mit dem jüdischen Leben im heutigen Deutschland beschäftigen. Seit 1994 ist er Mitinhaber der Produktionsfirma *X-Filme*.

# »Beten läuft bei mir eher freestylemäßig«

## Interview

**Glaubst du an Gott?**
Ja, ich glaube an Gott, und das auch eigentlich schon immer.

**Wie bist du zum Glauben gekommen?** Geglaubt hab ich schon immer. Meine Eltern arbeiten ehrenamtlich im CVJM, und ich wurde dort quasi hineingeboren. Ich hab mich immer für den Glauben interessiert und hab schon als Kind Andachten gehört. Vor vier Jahren gab es dann eine Mitarbeiterschulung vom CVJM mit dem Schwerpunkt Glaube. Dort hab ich mich entschlossen, auch aus eigener Kraft, unabhängig von meinen Eltern, zu glauben. Mir war zum Schluss ganz klar, dass ich das selber leben will. Bei der Konfirmation wurde das Ganze dann noch einmal offiziell gemacht. Dort hab ich vor der ganzen Gemeinde das Glaubensbekenntnis gesprochen, und damit hab ich mich öffentlich zu Gott bekannt. Das war für mich der Startpunkt, ganze Sache mit Gott zu machen.

**Wie lebst und wie erlebst du deinen Glauben?** Ich bete zu Gott, wenn ich Lust darauf habe. Das läuft bei mir eher so freestylemäßig. Wenn ich bete, mach ich es nicht so, dass ich mich hinsetze und die Hände falte. Das läuft bei mir eher versteckt ab, nicht so offensichtlich. Wobei ich mir schon beibringen will, zumindest vor dem Essen zu beten. Es kommt immer auf den Tag an. Wenn der gut war, dann bete ich abends vor dem Schlafengehen. Wenn der Tag schlecht war, frage ich mich, warum das so war, und vergesse zu beten. Dabei will ich eigentlich, dass jeder Tag gut läuft, zumindest im Leben mit Gott. Ich lese auch öfter in der Bibel, besonders, wenn ich Andachten vorbereiten soll. Manchmal lese ich auch einfach so und schau, ob es mich anspricht oder auf eine Situation in meinem Leben passt. Wenn ich so normal mit Gott rede, erlebe ich es, dass er mir antwortet. Das ist fast so, als ob man zu sich selber redet.

Einmal haben wir in einer Gruppe so eine Art prophetisches Beten ausprobiert. Das bedeutet, dass man versucht, für eine Person laut zu beten, ohne zu wissen, was deren Problem ist. Beim Beten hab ich dann gesagt, dass sich die Person mehr Zeit für sich selber nehmen soll, weil sie viel zu viel für andere macht und das nicht gut für sie ist. Hinterher hat sich herausgestellt, dass sie gerade ihren Job gekündigt hatte, aus genau dem Grund. Sie hatte gar kein Privatleben mehr, weil sie zu viel für andere gemacht hat. Das war natürlich eine gute Bestätigung von Gott für sie, aber auch für mich, dass er mir wirklich antwortet und da ist. Im CVJM bin ich sehr oft, drei- bis viermal die Woche. Ich leite die Jungschar mit und bereite Andachten vor. Viele meiner Freunde kommen aus dem CVJM, und es passiert regelmäßig, dass man sich trifft und dann eine Andacht macht. Wenn ich ein Problem habe, bete ich zu Gott, das beruhigt mich. Ich kann ihm alles erzählen. Gott wird mich immer mögen, das ist nicht so wie bei Menschen. Es ist auch gut, dass man immer beten kann, wenn man das möchte. Ich weiß nicht, ob meine Freunde das so toll fänden, wenn ich sie mitten in der Nacht anrufen würde. Aber Gott macht das nichts aus. Wenn ich nachts mit ihm rede, dann weiß ich, dass er da ist und mir zuhört.

**Hat Gott deine Gebete schon einmal beantwortet?**  Ich habe Gott schon erlebt, indem er mir Zeichen geschickt hat. Zum Beispiel hat mein Vater im Garten gearbeitet. Er bearbeitete mit einer Flex altes Metall, das dort rumlag. Ich stand die ganze Zeit dabei und hab ihm zugeschaut. Aber dann überkam mich plötzlich ein ungutes Gefühl, darum hab ich mich umgedreht und bin weggegangen. Gerade als ich mich umgedreht hatte, ist die Scheibe der Flex in mehrere Stücke zerbrochen. Die Teile zischten durch die Luft, und ein Teil ist genau dort eingeschlagen, wo ich noch kurz vorher meinen Kopf hatte. Das war für mich das erste Mal, dass ich erfahren habe, wie Gott mich beschützt. Noch eine andere Geschichte: An einem Tag überkam mich auf einmal das Bedürfnis, eine Freundin anzurufen. Die war total froh, mich am Telefon zu haben, denn sie hatte gerade erfahren, dass ein naher Verwandter von ihr gestorben war. Sie hätte sich aber von selbst nicht getraut, bei mir anzurufen. Und dann hatte ich einmal große Probleme mit einem Freund. Er hatte von jemandem gehört, dass ich über ihn gelästert hätte und etwas ausgeplaudert hätte, das er mir anvertraut hat und das niemand sonst wissen sollte. Ich hab dann gebetet, dass wir uns wieder vertragen. Am nächsten Tag stand mein Freund plötzlich vor meiner Tür, und wir haben geredet und haben alles geklärt.

**Welche christlichen Feste feierst du?** Am allerwichtigsten sind mir die zwei großen christlichen Feste Weihnachten und Ostern. Da sind wir mit der kompletten Familie im Gottesdienst. Seit ein, zwei Jahren feiere ich Weihnachten auch mit guten Freunden, weil sie für mich fast wie meine Familie sind. Pfingsten ist meistens eine Freizeit vom CVJM, das gehört für mich zu Pfingsten irgendwie dazu.

**Sollten andere auch glauben, was du glaubst?** Ich finde, dass jeder selbst entscheiden sollte, ob und an was er glauben möchte. Aber ich freue mich, wenn jemand sagt: »Erzähl von deinem Glauben, das interessiert mich!« Ich würde niemanden dazu zwingen, und ich sage auch niemandem, dass er kein guter Mensch ist, wenn er nicht glaubt. Man kann Vorschläge machen, aber keine Vorschriften. Wenn jemand gerne glauben möchte, es aber nicht schafft, würde ich ihm raten, mit Leuten zu reden, die fest im Glauben stehen. Er sollte fragen: Warum glauben sie und wie sind sie dazu gekommen? Ich würde demjenigen auch eher Jugendgottesdienste empfehlen, nicht die normalen Sonntagmorgengottesdienste. Die Leute, die dorthin gehen, sind meist total konservativ und gegen jegliches Neues. Würde man einen Fremden dazu einladen, würde er vielleicht einmal mitkommen und dann nie wieder. In der Gruppenstunde im CVJM ist das viel lockerer, und wir gehen viel offener an die Sache ran.

**Wissen die anderen, dass du gläubig bist?** In meiner Klasse wissen alle, dass ich Christ bin. Außerhalb der Klasse eigentlich auch. Ich trage meine christlichen T-Shirts ganz offen. In der achten und neunten Klasse haben sich viele darüber lustig gemacht, dass ich gläubig bin. Es wurde sogar gelästert, als ich mit einem christlichen

T-Shirt rumlief. Heute ist das etwas besser. Die Leute sagen, es ist halt meine Sache. Obwohl es auch Mitschüler gibt, die meinen, dass ich den Schuss nicht gehört habe. So einen richtigen Konflikt gab es wegen meines Glaubens aber noch nicht.

**Gibt es etwas, das dich am Glauben stört?** Am Glauben stört mich nichts, es kommt aber immer darauf an, wie er gelebt wird. Der Glaube an sich macht keine Probleme, aber die Menschen machen im Glauben oft etwas falsch. Bei uns in der Kirche wollen die Erwachsenen zum Beispiel nichts Neues, es soll alles beim Alten bleiben. So eine Einstellung stört mich.

**Welche Zweifel hast du?** Ich hinterfrage viele Sachen, auch die Geschichten aus der Bibel, die ich nicht verstehe. Zum Glück gibt es für mich einen Mentor. Der hat an der Hochschule studiert und kann mir Dinge erklären, die ich nicht verstehe. Es gibt halt Dinge in der Bibel, die stehen im krassen Gegensatz zum heutigen Leben. Zweimal waren meine Zweifel ziemlich extrem. Eine hauptamtliche Mitarbeiterin vom CVJM hatte eine ganz normale OP, aber ist danach ins Wachkoma gefallen, weil sie eine Lungenembolie bekommen hat. Sie lebt zwar noch, aber kann im Grunde nichts mehr machen, sie wird nie mehr richtig gesund. Ich frage mich, warum das passiert ist. Sie hat so viel gemacht im CVJM. Da kamen schon Zweifel an Gott auf, warum er so etwas zulässt. Dann ist ein neuer Hauptamtlicher angestellt worden, aber der hat sich vor einem Jahr das Leben genommen. Das hat meinen Glauben schon stark belastet, ich konnte es einfach nicht verstehen. Schließlich haben beide viele Leute im Glauben weitergebracht. In der Situation hat es mir sehr geholfen, mit Menschen darüber zu reden, besonders mit meinem Mentor, teilweise stundenlang. Mir hilft es generell sehr, mit anderen über so etwas zu reden. Aber auch das Gebet hat schon oft etwas gebracht. Ich hab immer wieder mit Gott darüber geredet, ich hab ihn gefragt, warum er das zugelassen hat. Zurzeit denke ich so darüber: Gott hat den Menschen auf die Welt gelassen und er hat jedem eine andere Aufgabe gegeben. Jeder Mensch soll seine Aufgabe erfüllen, er ist für diese Aufgabe gemacht. Diese Aufgabe ist ein Ziel, das man von ihm gesteckt bekommt, ohne es zu wissen. Und wenn Leute unerwartet sterben, denke ich, dass Gott sich dann die Menschen zu sich zurückgeholt hat, damit sie bei ihm ein besseres Leben haben. Es gibt aber auch Dinge, die kann und will ich gar nicht verstehen.

Patty (Patrick), 16, macht eine Ausbildung zum Industriemechaniker.

Özlem Topçu

# Einmal GLAUBEN und zurück

Die Reise hat noch nicht begonnen, als mich Sevgis Tochter zur Muslimin macht. Wir stehen am Hamburger Flughafen, zwei Frauen mit schwerem Gepäck, Zielort Dschidda, Saudi-Arabien. Da nimmt mich Sevgis Tochter zur Seite und fragt leise: »Kannst du mir einen Gefallen tun?« Wir kennen uns noch nicht lange, aber ich merke, es ist ihr ernst. »Meine Mutter trägt ihr Kopftuch manchmal etwas locker«, sagt sie, »dann bemerkt sie nicht, dass Haarsträhnen rausfallen. Im Haus Gottes sollte das nicht passieren. Könntest du darauf achten?« Ich bringe nur ein dünnes »Ja, klar« heraus, mehr nicht. Ich trage normalerweise kein Kopftuch – aber soll in den nächsten Wochen einer religiösen Frau dabei helfen, dass ihres gut sitzt? Und das im Haus Gottes?

Sevgi Erdem, ihr Mann Mahir und ich fliegen an diesem Tag über Istanbul nach Mekka. Zum Hadsch, der Pilgerfahrt der Muslime. Schon vor dem Abflug hat Sevgis Tochter mich zur Tugendwächterin gemacht. Ich ahne, dass mich auf dieser Reise nach Mekka vor allem zwei Fragen bedrängen werden: Was macht ein Mensch mit dieser Erfahrung? Und was macht diese Erfahrung mit einem Menschen?

Wir stehen in einer Menschentraube vor dem Schalter von Turkish Airlines. Eine Gruppe von Muslimen aus Hamburg und Elmshorn macht sich auf den Weg nach Saudi-Arabien. Ein junger Hoca, ein türkischer Religionsgelehrter, teilt Briefumschläge mit allen wichtigen Unterlagen für den Hadsch aus: Pässe, Flugtickets, Hadsch-ID-Karten mit Foto, die wir immer um den Hals tragen sollen. »Ich bin so aufgeregt«, sagt Sevgi und hängt sich ihre Karte sofort um den Hals, Nummer 1334. Und ich? Bringe es gerade nicht fertig, mein Kopftuch umzubinden.

Es ist noch Zeit. Noch bin ich in Hamburg. Ich muss das Ding nicht tragen, nur weil alle anderen damit rumlaufen. Andererseits: Was wäre so schlimm daran? Das bin ja nicht wirklich ich: Özlem, die Muslimin. Ich kenne das doch, von Moscheen und Friedhöfen. Das bleibt eine Recherche wie jede andere. Ich begleite Sevgi auf den Hadsch nach Mekka. Danach schreibe ich einen Artikel darüber. Das ist alles. Keine Panik.

Sevgi ist 42 Jahre alt, ich bin 33. Zwischen uns liegen nur neun Jahre und doch Welten: Sevgi kam in einem Dorf in Anatolien zur Welt. Ich bin in Flensburg geboren. Sie hat die Grundschule besucht. Ich habe studiert. Sie hat drei Kinder geboren. Ich nicht eins. Sie putzt unter Schreibtischen, auf denen Büromenschen wie ich abends ihre

Sachen liegen lassen. Sie wirkt geborgen in ihrem Glauben. Mir war immer klar, dass ich nicht auf einen Gott angewiesen sein will. Sie nennt Frauen wie mich sosyete, Society – wegen meines Studiums, meines Jobs, meiner westlichen Kleidung, meines Make-ups. Ich sehe in Frauen wie ihr die typische anatolische Mutti, klein, übergewichtig, rundes Bauerngesicht. Für die Reise nach Mekka musste ich mir erst Kleidung leihen, wie Sevgi sie immer trägt: weite Blusen, lange Röcke, Pluderhosen. In meinem Koffer sind nun Hemden meines Mannes.

Sevgi wird am Flughafen von vielen Verwandten verabschiedet. Alle Frauen aus ihrer Familie – die Tochter, die Schwägerin, die Schwiegermutter – tragen Kopftücher, lange Mäntel, weite Röcke. Zum ersten Mal in meinem Leben komme ich mir gegenüber Frauen wie ihnen nicht überlegen vor, sondern schäbig. Sevgi hat mich als Begleiterin akzeptiert. Ich schulde es ihr, das Kopftuch umzubinden, jetzt.

Es ist kurz nach 15 Uhr, Zeit für das Nachmittagsgebet. Routine für die Männer und Frauen, die hier am Schalter warten. Für mich wird es das erste in meinem Leben sein. Ich habe meinen Vater nie beten sehen. Die Bärtigen und Verhüllten – all jene, die zu wissen glauben, wer ein richtiger Muslim ist – waren meiner Familie immer suspekt. Manchmal habe ich schnelle Bitten an Allah gesandt, aber stets in meinen eigenen Worten. Und niemals laut. In den Wochen vor dem Abflug habe ich mir das formale Beten beigebracht, all die Texte auf Arabisch auswendig gelernt, um bloß keine Fehler zu machen. Im Islam gibt es so unglaublich viele Regeln, als sei schon Strenge ein religiöser Wert an sich: Wann wie viele Niederwerfungen? Beim Morgengebet vier, beim Mittagsgebet zehn, beim Nachmittagsgebet acht, beim Abendgebet fünf, beim Nachtgebet dreizehn. Wann welche Lobpreisung? Welche Verbeugung? Welche Positionierung meiner Füße bei der Niederwerfung?

Özlem Topçu

Im oberen Stockwerk des Terminals hat ein Mann aus unserer Gruppe eine Moschee entdeckt. Alle schauen ganz erstaunt. Eine Gebetsstätte für uns, hier, am Flughafen?

Und schon habe ich zum ersten Mal »uns« gedacht.

»Kommst du mit?«, fragt Sevgi.

»Ja«, sage ich. Ich sehe, wie sie sich freut.

Auf dem Weg in die Moschee ziehe ich ein Kopftuch aus meinem Rucksack und binde es mir um. Es ist grau, aus Baumwolle, rechteckig. Ich habe noch fünf andere im Koffer – eigentlich Halstücher, die ich hin und wieder trage. Die rechteckigen ließen sich am besten binden, hatte Sevgis Tochter gesagt und hatte mir eines von ihren geliehen. Sie nahm es von einem Bügel in ihrem Kleiderschrank, an dem 20 weitere hingen.

Die Flughafen-Moschee ist etwa 30 Quadratmeter groß und mit einem roten Teppich ausgelegt. Es fällt mir schwer, mich auf das Gebet zu konzentrieren. Ich kann nur an dieses Ding auf meinem Kopf denken. Wie warm mir ist. Der arabische Gebetstext – verblasst. Nicht zu viel nachdenken, einfach niederwerfen. Jetzt. »Bismillahirrahmanirrahim.« Im Namen Allahs, des Barmherzigen und Gnädigen.

Istanbul. So habe ich den Flughafen noch nie gesehen. Hier wird endgültig klar, dass Hadsch-Saison ist: Muslime aus aller Welt warten auf ihren Weiterflug. Dort eine Gruppe afrikanischer Musliminnen, in knallbunte Tücher gehüllt; hier französische Muslime, deren Nike-Turnschuhe unter ihrem langen Gewand hervorlugen. In Mekka werden wir drei Millionen sein.

Der Weiterflug nach Dschidda geht erst morgen früh um 4:30 Uhr. Was tun? Ich war so oft an diesem Flughafen – aber nie als Pilgerin, sondern immer als Özlem, die Urlauberin aus Deutschland, die ihre Verwandten besucht und sich ein paar nette Tage in Istanbul macht.

Die Menschen

*sollen in Mekka so vor Gott treten*

*wie später im Leichentuch:*
*schutzlos, wehrlos,*
*fern von allem Weltlichen.*

Ich will mich mit diesem Kopftuch nicht in ein Café setzen. Ich kann auch schlecht durch die Duty-free-Geschäfte laufen und mir eine Flasche türkischen Wein kaufen, wie sonst immer.

Mit dem Flug nach Dschidda beginnt für alle Pilger der Ihram, der Weihezustand. Es ist von nun an verboten, sich zu kämmen, zu rasieren, sich Haare und Nägel zu schneiden, sich mit Zahncreme die Zähne zu putzen, zu streiten, Sex zu haben, Blut zu vergießen – sogar wer eine Fliege oder Ameise zerdrückt, begeht eine Sünde. Die Männer dürfen keine Schuhe und keine gesäumte Kleidung mehr tragen, sie haben sich in je zwei weiße Frotteetücher gehüllt, eines um die Hüften, eines um den Oberkörper geschlungen. Die Menschen sollen in Mekka so vor Gott treten wie später im Leichentuch: schutzlos, wehrlos, fern von allem Weltlichen.

Ich weiß nicht, was ich vom archaischen Anblick der Männer am Gate halten soll: Sehen sie erhaben aus? Oder wie auf der Suche nach der nächsten Strandliege? Sevgis Mann lächelt selig. Sie zupft seine Tücher zurecht. Ordentlich sieht es bei ihm nicht aus. Mit einer Hand hält er die Tücher zusammen, mit der anderen zieht er seinen kleinen Koffer. Darauf der Name seines Arbeitgebers: *Süderelbe Bus GmbH.*

Für Frauen ist keine spezielle Kleidung vorgesehen. War ja klar. Bei den Männern ist der Glaube ernsthafter, ausgestellter, exklusiver. Bei ihnen erkennt man auf Anhieb, dass sie auf dem Weg nach Mekka sind. Bei ihnen dürfen nackte Waden, Bäuche und Oberarme sichtbar sein. Heißt es nicht, vor Allah sind Männer und Frauen gleich?

Dschidda. Die Hitze schlägt uns wie eine Faust ins Gesicht. Es sind über 40 Grad. Überall Männer in Uniform. Ein junger Kerl in Arztkleidung schaut sich unsere Impfpässe an. Zöllner kontrollieren die Reisepässe.

»Where are you from?«, fragt der Zöllner.

Auf meinem Hadsch-Visum steht, ich sei Hausfrau und in Begleitung meines Onkels Mahir und seiner Frau Sevgi. Allein dürfen Frauen den Hadsch nicht machen. Sie brauchen einen männlichen Begleiter.

»Welcome«, sagt der Zöllner.

Ich war noch nie in Saudi-Arabien und wollte hier eigentlich auch nicht hin. Wegen der Rechtsprechung nach der Scharia. Weil Menschen hier öffentlich hingerichtet und Dieben die Hände abgehackt werden. Weil die dogmatische Religionslehre der Wahhabiten Staatsdoktrin ist. Weil Frauen hier weder arbeiten noch Auto fahren dürfen. Ist es ein Zufall, ein Unglück oder logisch, dass das Zentrum des Islams ausgerechnet hier liegt?

Unser Hoca sagt, dass wir nun alle unsere Pässe abgeben müssen. So sind die Regeln der Saudis: Jeder Pilger gibt seine Identität für die

Dauer des Hadsch ab. Niemand soll sich unkontrolliert durchs Land bewegen. Ein älterer Mann aus unserer Gruppe erklärt sich bereit, unsere Pässe einzusammeln, und geht mit einer Penny-Tüte reihum. Mir wird unwohl bei dem Anblick. Wo wird mein Pass aufbewahrt? Wann werde ich ihn wiederbekommen?

36 Stunden nach unserem Abflug in Hamburg kommen wir mit dem Bus in Mekka an, der Stadt, die meine Großmutter einmal das Paradies genannt hat, »den schönsten Ort, den man sich vorstellen kann« – ohne jemals dort gewesen zu sein. Für mich war Mekka kaum mehr als ein kitschig buntes Bild in türkischen Teestuben. Der Geburtsort Mohammeds, des Propheten. Der Standort der Großen Moschee, die ich bisher nur im Fernsehen gesehen habe – und in Form eines kleinen Weckers aus Plastik, der heiser »Allahu Akbar« krächzt.

Jetzt kommt mir das Paradies vor wie der gottverlassenste Ort der Welt. Beton und Wüste, wohin man schaut. Keine gleißende Lawrence-von-Arabien-Wüste, sondern Geröll in stumpfen Brauntönen. Das Zentrum Mekkas ist umstellt von Baukränen, die die Minarette überragen. Ich versuche, wenigstens die Landschaft schön zu finden. Aber es gelingt mir nicht. Ich sage es niemandem, nicht einmal Sevgi, die gerade den Ruf der Pilger anstimmt:

Ich stehe vor dir, Allah, ich stehe vor dir!

Ich stehe vor dir, es gibt keinen anderen neben dir!

Gewiss sind Lob, Segen und alle Herrschaft dein!

Es gibt keinen anderen neben dir!

Dort, wo in den Postkartenbildern meiner Großmutter die Große Moschee alles überstrahlt, wächst ein grotesk hoher Uhrenturm in den Himmel – fünfmal höher als Big Ben in London. Der Abraj Al Bait Tower soll mit 601 Metern einmal das zweithöchste Gebäude der Welt werden – mit Büros, Hotels und Shopping-Malls, mit Filialen von Kentucky Fried Chicken, Starbucks und Pizza Hut. Das InterContinental ist bereits am Platz, das Hilton und das House of Donuts. Im Zentrum des Islams scheinen Glaube und Kommerz, Askese und Protzerei nicht im Streit zu liegen.

Ärgere ich mich etwa darüber? Ich sollte es erleichtert zur Kenntnis nehmen, als sosyete! Diese Stadt ist nicht so schön, wie ich dachte – aber auch nicht so eindimensional, so streng, wie ich befürchtet hatte. Mekka gehört auch mir.

Unsere Unterkunft heißt Istanbul Palas. Ein 16-stöckiger Bau mit Platz für etwa 2000 Menschen, mit zwei Kantinen und sechs Fahrstühlen. Sie hat eher die Anmutung einer Jugendherberge als die eines Palastes. Die meisten Pilger in unserer Gruppe sind im Rentenalter, viele sind krank: Herz, Kreislauf, Zucker, Gelenke.

Sevgi und ich teilen uns mit drei Frauen ein Zimmer im achten Stock. Wir wählen zwei Betten nebeneinander. Keine fünf Zentimeter trennen uns. Ich lege mich voll bekleidet hin, samt Kopftuch. Die Frauen sprechen über die Große Moschee, die wir morgen besuchen werden. Die Kaaba – das Haus Gottes. Es wird die erste Station unseres Hadsch sein. Stumm bewundere ich die Aufregung der alten Frauen. Sevgi sagt, das erste Gebet im Angesicht der Kaaba werde Allah erhören. Daran glaube sie ganz fest.

Eine der Frauen fragt mich: »Bist du eigentlich verheiratet?«
»Ja.«

»Mein Glaube ist so leicht

»Mit einem Türken?«

»Mein Mann ist Deutscher.«

Verblüfft sieht sie mich an und lächelt.

»Na, so was! Ist er wenigstens beschnitten?«

Ich überlege kurz, was ich antworten soll. Mir gefällt, dass sie weniger prüde ist, als ich dachte. Andererseits ahne ich, was für eine Debatte jetzt folgen könnte. Ich entscheide mich, nur zu lächeln und mit den Augen zu rollen.

»Du weißt, dass Musliminnen keine Christen heiraten dürfen?« Sevgi schweigt. Ich hoffte, sie würde mir helfen. Aber sie lässt mich im Stich. Sie mag mich, auch wenn sie meinen Lebensstil nicht versteht. Das irritiert sie. Und mich irritiert Sevgi aus dem gleichen Grund.

Ich könnte es diesen Frauen jetzt ins Gesicht sagen. Eine Diskussion darüber anfangen, wem der Glaube gehört. Nur denen, die für alles eine Vorschrift haben?

Am nächsten Morgen warten wir auf dem Platz vor der Großen Moschee, inmitten einer riesigen Menschenmenge. 40 Grad, keine Wolke, kein Schatten. Unser Hoca erklärt über Megafon, dass wir eine Willensbekundung für die Zeremonie an der Kaaba abgeben müssen: »Es ist meine Absicht, die Kaaba zu umkreisen. Herr, nimm dies an, und erleichtere mir diese Aufgabe.« Nach der siebenmaligen Umkreisung – dem tawāf – müsse jeder ein Gebet mit zwei Niederwerfungen sprechen. Der Hoca erklärt weiter: wann welches Gebet, wann welche Lobpreisung. So vieles, was wir falsch machen können. Sevgi sagt, sie habe

und doch so »schwer«

Angst, einen Fehler zu begehen und dass Allah ihre Gebete dann nicht annimmt. »Mein Glaube ist so leicht und doch so schwer«, flüstert sie. Über den Toren, die in den Innenhof der Großen Moschee führen, sind Ampeln angebracht, sie leuchten grün. Die Masse der Gläubigen schiebt, drängt, trägt uns hinein in den Hof mit der Kaaba. Ich habe einen Mundschutz angelegt, Sevgi hat alle Medikamente, die sie sonst einnimmt, abgesetzt, um in diesem Moment ganz klar zu sein.

Dieser Moment – was ist das eigentlich? Ich wollte Mekka sehen wie eine unbeteiligte Zuschauerin im Kino, mit emotionalem Sicherheitsabstand, doch die Menschenmasse macht das unmöglich: Ich werde geschoben, und ich schiebe. Es ist bedrohlich und mitreißend zugleich, in dieser Menge von Zehntausenden zu treiben. Ich höre den Atem der anderen und meinen eigenen Atem, ich spüre meinen Herzschlag und will nicht wahrhaben, dass er immer schneller wird. Ich rieche den Schweiß der anderen und schmecke meinen eigenen, der mir über die Lippen rinnt. Ich lausche dem Stimmenwirrwarr unterschiedlicher Lobpreisungen auf Arabisch. Ich höre auch Türkisch und fühle mich geborgen, obwohl doch Deutsch meine Sprache ist. Ich versuche, niemanden zu berühren, meine Richtung selbst zu bestimmen, aber ich spüre Leichtigkeit, als ich mich endlich der Macht der Masse ergebe. Löse ich mich auf?

Sevgi greift meine Hand.

Plötzlich erinnere ich mich, dass ich nicht allein hier bin.

Es ist ihre Pilgerfahrt, nicht meine!

Ich nehme ihre Hand. Gemeinsam steuern wir auf den schwarz verhüllten Würfel zu, die Kaaba, die in der Moschee aus einem Strudel von Menschen erwächst.

Sevgi weint. Für sich, ganz leise. Als sei sie innerlich dort angekommen, wo sie ihr ganzes Leben hinwollte.

»Sevgi, geht es dir gut?«

Sie nimmt mich nicht mehr wahr.

Ich fühle mich entmachtet von der Echtheit und Bedingungslosigkeit ihres Glaubens. Ihr Kopftuch ist verrutscht, einzelne Haare schauen heraus. Ich schweige, weil ich sie nicht stören will. Und weil ich finde, dass Glaube auch unperfekt sein darf.

Sieben Umkreisungen. Sevgi läuft in Strickpantoffeln. Auf dem Marmorboden liegt Erbrochenes. Mitarbeiter der Moschee schieben sich mit Mopp und Wischeimer an die Stelle vor. Auf ihren Blaumännern steht *Saudi bin Laden Group.*

Sevgi preist Gott. »Bismillah Allahu Akbar« – im Namen des größten Gottes. »Bitte, lass uns ganz dicht drangehen. Ich möchte die Kaaba berühren«, sagt sie. Auf ihrer Nase blitzen Schweißperlen. Ich mache mir Sorgen, dass sie im Gedränge niedergetrampelt wird. Wir drücken uns in Richtung Kubus.

Schalte deinen Verstand ein. Ein Kubus. Es ist doch nur ein schwarz verhüllter Kubus.

Es wird immer enger, voller, heißer. Ich reiße mir den Mundschutz vom Gesicht. Keine Panik. Nur mitschwimmen jetzt. Nicht wehren. Ich muss Sevgi helfen, an ihr Ziel zu kommen. Das bin ich ihr schuldig. Und ist die Kaaba nicht auch mein Ziel? Ich kann es mit dem Verstand nicht erklären, dass sich das hier gut anfühlt. Ich fühle mich geborgen. Muss keine Entscheidungen fällen. Habe keine Macht, kein Ich. Wenn das Glaube ist, dann glaube ich in diesem Moment. Oder ich glaube, zu glauben.

Und dann schaffen wir es. Ich berühre die Kaaba zuerst. Der Stein fühlt sich glatt und warm an. Und an einigen Stellen nass – der Speichel von den Tausenden Küssen. Den schwarzen Umhang haben sie hochgerollt. Ein Uniformierter steht über uns auf einem Sockel. Er trägt eine Sonnenbrille, einen fein rasierten Kinnbart und tippt auf seinem Handy herum. Auch er scheint nichts und niemanden mehr wahrzunehmen.

Ihr Kopftuch ist verrutscht,
einzelne Haare schauen heraus.

Ich schweige,
   weil ich sie nicht stören will.

Und weil ich finde, dass
Glaube auch unperfekt sein darf.

Özlem Topçu

Ich drücke Sevgi ohne Rücksicht auf meinen Nebenmann, der zur Seite fällt, und ohne meine rechte Hand von der Kaaba zu nehmen, an die schwarze Wand. Sevgi legt beide Hände so vorsichtig auf, als würde sie ein pumpendes Herz berühren. Dann küsst sie sie.

Verdammt, was ist das? Ich bin in ein archaisches Event geraten, das man perfekter nicht hätte inszenieren können: Eine Masse kreist um einen Kern. Bin ich jetzt der willenlose Teil eines Kollektivs? Ja, das bin ich – und ich fühle mich wohl damit. Gelöst. Womöglich erlöst? Aber wovon?

Stunden rasen wie Minuten, Tage verfliegen wie Stunden. Die Zeit scheint sich aufzulösen im Zentrum dieses Glaubens, von dem ich immer noch nicht weiß, ob er meiner ist. Im Namen des Islams halten Hassprediger ihre gefährlichen Reden. Im Namen des Islams werden in diesen Tagen Menschen ermordet. Und im Namen des Islams kommen in Mekka Menschen in engster Enge miteinander aus, als wollten sie das Stigma widerlegen, das ihrer Religion anhaftet.

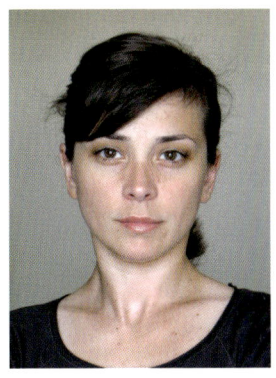

Özlem Topçu, 34, studierte Islam-, Politik- und Medienwissenschaft in Hamburg und Kiel. Sie arbeitete zunächst als freie Journalistin und ist seit 2009 in der Politikredaktion der Wochenzeitung *Die Zeit* tätig.

# »ICH HABE MIR DIE MAXIME GESETZT, NIEMALS ZU LÜGEN«

Interview

**Woran glaubst du?** Ich glaube definitiv an Gott und bekenne Jesus als den Herrn meines Lebens. Gott ist für mich der gute Hirte, dem ich alles erzählen kann, er ist die unglaubliche Kraft, aber auch der liebende Vater. In Gottesdienste einer »normalen« Kirche geh ich selten, weil die Kirche mir viel zu konservativ ist. Wenn ich in den Gottesdienst gehe, dann besuche ich die Baptistengemeinde in unserem Ort. Da sind ganz viele Jugendliche und die Gottesdienste sind viel lockerer gestaltet. Ich gehe regelmäßig in den CVJM und arbeite da auch mit. Ich bete jeden Abend zu Gott. Wenn ich bete, danke ich ihm meistens, zum Beispiel, weil er mir mal wieder eine Riesenscheiße verziehen hat. Ein Jahr lang habe ich jeden Tag in den Losungen gelesen, aber jetzt bin ich abends immer zu müde. Seitdem ich Internet habe, ist es viel weniger geworden. Das ist nicht gut, aber es ist halt so. Was ich sehr gerne mache, ist, mit meiner Freundin zusammen zu beten. Gott antwortet mir auch durch Zeichen, die er mir schickt. Manchmal frage ich ihn, ob das richtig ist, was ich tue. Er antwortet mir dann oft auf einer emotionalen Ebene, also mit einem Gefühl. Ich hab Gott zum Beispiel gefragt, ob das mit meiner Freundin das Richtige ist. Als ich das gebetet hab, konnte ich so eine Wärme fühlen, und es war dann für mich ein Zeichen, dass Gott mir damit sagen wollte, dass er einverstanden ist.

**Wie hast du zum Glauben gefunden?**  Meine Eltern sind zwar Christen, gehen aber nicht jeden Sonntag in die Kirche. Den Glauben haben sie mir trotzdem nahegebracht. Dann, da war ich gerade 14 Jahre alt, ist mein bester Freund Felix umgekommen. Er ist im Schwimmbad kopfüber die Rutsche runtergerutscht, ist dabei mit dem Kopf auf den Beckenboden gekommen und ist an den Folgen der Verletzung gestorben. Ich war dabei und hab das alles gesehen. Da hab ich meinen Glauben verloren. Trotzdem bin ich auch danach beim CVJM gewesen. Ich fand die Arbeit cool, auch wenn ich noch nicht geglaubt habe. Wir sind dann einmal gemeinsam auf eine Schulung gefahren. Dort hatten wir jeden Morgen eine Andacht mit zwanzig Leuten. Die Gemeinschaft war einfach gut, und man hat gespürt, dass Jesus etwas unter den Menschen tut. Ich hab mir dort zum ersten Mal die Frage gestellt, ob es vielleicht einen tieferen Sinn dafür gibt, dass Felix gestorben ist. Mir ist neu klar geworden, dass es Jesus geben muss. Also hab ich einfach mal ausprobiert, wie das ist, zu beten, und hab gemerkt, es funktioniert. Ab dem Zeitpunkt bin ich öfter in unseren CVJM gegangen. Tim, der Leiter dort, war und ist für mich wie eine Leitfigur, wir haben viele, sehr lange Gespräche geführt. Dann gab es eine zweite Fortbildung einige Monate später. Und bei dieser Reise hat es dann Klick gemacht, ab da war ich mir sicher: »Ja, Gott gibt es!« Im Laufe des nächsten Jahres hab ich mich dazu entschieden, zu sagen: »Ja, Jesus ist der Herr meines Lebens!« Seitdem hat sich viel verändert. Früher hatte ich überhaupt kein Selbstbewusstsein. Jetzt bin ich aber viel lockerer geworden. Sogar beim Sport wurde ich immer besser, und ich hab gelernt, Gitarre zu spielen. Ich hab einfach gemerkt, dass das mit Jesus funktioniert. Mir wurde klar, je mehr ich in den Glauben eingestiegen bin, desto fester wurde er auch. Tim ist für mich ein Vorbild im Glauben. Er hat auch schon ein heftiges Erlebnis mit Gott gehabt und ist sehr gefestigt. Wenn ich mit ihm rede, kann mir das die Zweifel nehmen.

### Sollen auch andere Menschen an den christlichen Gott glauben?

Ich möchte auf jeden Fall, dass andere Menschen auch glauben können, was ich glaube. Aber ich will das nicht aufdringlich machen. Ich frage mich immer: Warum sollte ich das nicht weitererzählen, ich trage ja auch jeden Tag mein Kreuz um den Hals! In der Schule wissen alle, dass ich Christ bin. Am Anfang haben mich die Mitschüler schon gefragt: »Wie jetzt, du glaubst an Gott?« Und dann antworte ich, dass es viele gute Gründe gibt, an Gott zu glauben. Auch wenn irgendwelche Idioten Scheiße labern, ich weiß, dass es Gott gibt!

Die christlichen Werte sind wichtig für mich. Wenn zum Beispiel auf einem Tisch ein Euro rumliegt, dann stecke ich ihn nicht ein. Was ich krass finde: Ich hab mir die Maxime gesetzt, niemals zu lügen! Wenn ich anfange zu lügen, dann denke ich immer, dass Gott das auf keinen Fall will. Weil ich nicht lüge, ecke ich dauernd an. Wenn mich zum Beispiel jemand fragt: »Seh ich scheiße aus?«, dann sag ich »Ja«, wenn das so ist. Ich bin immer brutal ehrlich. Ich hab mir damit sogar schon mal eine Freundschaft versaut, nur, weil ich ehrlich war. Ich finde, es ist besser, wenn man für Ehrlichkeit die Quittung kriegt, als wenn man sich mit Lügen in irgendetwas reinreitet.

**Gab es auch schon Zeiten, in denen du gezweifelt hast?** Diese Sache mit meinem besten Kumpel damals war sehr krass. Zweifel kommen immer wieder, aber dafür ist der Glaube ja auch da. Wenn ich Zweifel habe, bete ich darüber oder ich rede mit Tim, dem Leiter vom CVJM, der kann mir immer Antworten geben. Ich finde, man sollte alle Religionen akzeptieren, es gibt keine, die schlechter ist als die andere. Islam, Judentum und Christentum glauben ja eigentlich alle an den gleichen Gott. Ich würde mich natürlich freuen, wenn jeder Mensch Christ wäre, aber ich akzeptiere, dass es nicht so ist. Einmal gab es eine schwierige Situation zwischen mir und meiner Freundin. Dann haben wir gemeinsam dafür gebetet und plötzlich war da dieses ganz krasse Gefühl. Ich hab gespürt, dass bei meiner Freundin genau dasselbe passiert ist. Es ist echt krass, wenn man zusammen betet, das ist oft richtig heftig.

Vor drei Monaten hatte ich eine Zeit, wo ich von Gott etwas weggekommen bin. Irgendwie hatte ich den Anschluss verloren. Ich war dann bei einer Andacht und hab leise zu Gott gebetet: »Sorry, Jesus, dass ich mich von dir so sehr entfernt habe. Bitte, mach das, was du auch mit dem verlorenen Sohn gemacht hast!« Und dann ist genau das passiert, er ist in mein Herz gekommen. Zwei Tage später bin ich mit meiner jetzigen Freundin zusammengekommen, das war für mich wie ein Zeichen von Gott.

Helge, 16, besucht ein Gymnasium.

Peter Lauber & Patrick Gastmann
(Fetz Domino)

# Mit Gospel durch DICK und DÜNN

## Peter Lauber

»God is watching us from a distance« – in den 80er-Jahren ein Riesen-hit von Bette Middler – eine wunderschöne Melodie – und ein knall-harter Vorwurf an Gott: Von der Ferne sieht die Erde schön blau und grün, friedlich und harmonisch aus. In Wirklichkeit aber herrschen auf diesem Planeten Krieg, Hunger und Elend. Doch Gott sieht das alles ja nur »from a distance« …

An diesen Song muss ich in diesen Tagen wieder denken. Während ich diese Zeilen schreibe, spielt sich in Japan eine der schrecklichsten Katastrophen ab, die die Welt je gesehen hat. Noch ist nicht bekannt, wie viele Tausend Menschenleben das Erdbeben und der Tsunami gekostet haben, wie viel Leid der drohende Super-GAU durch die beschädigten Atomkraftwerke noch anrichten wird. Wo ist hier dieser Gott, an den ich seit meiner Kindheit glaube, auf den ich hoffe, den ich verehre – und von dem ich seit vielen Jahren auch mit meinem Gospelchor *Fetz Domino* singe?

Unterdrückt, versklavt, ausgebeutet, fern von zu Hause ein Dahinvegetieren unter unmenschlichsten Bedingungen – auch die schwarzen Sklaven auf den Baumwollfeldern im Süden der Vereinigten Staaten hätten allen Grund gehabt, Gott anzuklagen. Doch das Gegenteil war der Fall: Ausgerechnet im Glauben ihrer weißen Ausbeuter haben sie neue Hoffnung und Freiheit gefunden. Vor allem in der Geschichte des Volkes Israel sahen sie viele Parallelen zu ihrer eigenen Situation – und waren fasziniert davon, wie Gott sein Volk aus der Sklaverei errettete und ins Gelobte Land führte. Die frohe Botschaft von der Liebe Gottes zu den Menschen hat ihnen Halt und Hoffnung und neuen Lebensmut gegeben. Was sie in unzähligen Liedern, den bis heute unvergessenen Negrospirituals, ausdrückten.

## Christ sein heißt, Jesus als Freund zu haben.

Ja, auch ich glaube heute, im 21. Jahrhundert, an den Gott der Urväter der Gospelmusik. Und daran, dass er mich eben nicht nur »from a distance« beobachtet, sondern mir immer nahe ist. Dieser Glaube ist auch in meinem Fall nicht einfach vom Himmel gefallen und ging auch nicht mit einem dramatischen Bekehrungserlebnis einher – so wie einst Saulus zum Paulus wurde. Nein, er ist langsam gewachsen und gründet sich auf eine bewusste Entscheidung für ein Leben als Christ. Schon von klein auf schleppten mich meine Eltern mit in den Gottesdienst einer evangelischen Freikirche. Dort lernte ich zunächst im Kindergottesdienst, später im Jugendkreis die Bibel, das Evangelium und dabei vor allem Jesus kennen. Ich erfuhr, dass niemand von Geburt aus Christ ist oder es durch irgendeine rituelle Handlung wird, sondern dass man sich dazu bewusst entscheiden muss. Jesus lädt Menschen dazu ein, mit ihm eine Beziehung einzugehen, alle Schuld, alle Ängste und Sorgen bei ihm abzuladen. Jesus will den Menschen ein neues (ewiges!) Leben und neue Perspektiven schenken und sie zu erfüllten, glücklichen Menschen machen, die keine Angst vor der Zukunft haben müssen. Dafür kam er auf die Erde, dafür starb er am Kreuz – um uns Menschen zu erlösen. Das ist ein Geschenk, das wir nur annehmen müssen.

## Nicht fromm, aber fröhlich und frei

Ich habe es angenommen – etwa im Alter von 16 Jahren. Und dann – dann verbrachte ich mein weiteres Leben keinesfalls als Heiliger in innerer Einkehr fernab von den Lüsten dieser Welt ... Nein, mit dieser Karikatur von »Frommsein« hat echtes, lebendiges Christsein – Gott sei Dank! – herzlich wenig zu tun. Ich lebe mein Leben – als fröhlicher, hin und wieder auch trauriger, oft zweifelnder, auch verzweifelnder Christ, manchmal mit einem starken, viel öfter aber mit einem schwachen Glauben – aber immer mit beiden Beinen auf dem Boden und dem Herzen im Himmel – bei Jesus, dem guten Hirten (Psalm 23), dem ich mich in jeder Situation meines Lebens anvertrauen darf, der mich so liebt, wie ich bin, und der einen Plan hat für mein Leben. Ich habe den Glauben in den vergangenen 30 Jahren als etwas sehr Praktisches und Lebensbejahendes erlebt – Jesus half mir in Prüfungen, bewahrte

Fetz Domino

mich mehrfach vor schlimmen Unfällen, zeigte mir immer wieder, wo's beruflich langgehen soll. Ich kann mit ihm reden wie mit einem guten Freund, und er redet auf vielerlei Art zu mir – in der Bibel, in Predigten, durch Mitchristen – ja, und auch durch die Gospelmusik, mit der wir – der Gospelchor *Fetz Domino* – nun seit fast 20 Jahren durch die Lande ziehen.

**Patrick Gastmann**

### Gospel als gesungener Glaube

Es waren die frühen 90er-Jahre, als in Karlsruhe die Jugendkreise mehrerer christlicher Kirchen gemeinsame Projekte begannen – bis hin zu Hallen füllenden Musikveranstaltungen. In einigen dieser Kirchen gab es Jugendchöre, die damals moderne christliche Popmusik sangen – als Teil des Gottesdienstes, als gesungenes Lob Gottes. Daraus entstand die Idee, einen großen gemeinsamen Chor zu gründen. Das erste Konzert war sozusagen die Keimzelle dessen, was heute der Gospelchor *Fetz Domino* ist.

Von Anfang an wollten wir nicht nur Musik machen, sondern es war unser Wunsch, dass der Zuhörer merkt und erkennt: »Hier steckt mehr dahinter« – hier singen Menschen von dem, was ihnen wich-

Die oft ausgelassene Fröhlichkeit

tig ist im Leben, möchten Menschen – wie der Name es ausdrücken soll – »für den Herrn fetzen«. Die oft ausgelassene Fröhlichkeit der Gospelmusik soll zum Glauben »anstecken«. Und da man nur das glaubhaft verkünden kann, wovon man selbst überzeugt ist, war es uns stets wichtig, dass möglichst jeder im Chor eine Beziehung zu Gott hat. Heute singen und musizieren in diesem Chor rund 40 Menschen mit unterschiedlichsten Charakteren und mit den verschiedensten kirchlichen Hintergründen – Protestanten, Katholiken, Freikirchler, aber auch Menschen, die gerade erst anfangen, den Glauben zu entdecken. Dass die Suche sich in lebendigen Glauben verwandelt, auch das durften wir in unserem Chor schon erleben: dass sich ein Sänger/ eine Sängerin entscheidet, ganze Sache mit Jesus zu machen.

der Gospelmusik soll zum Glauben ANSTECKEN.

## Unterwegs mit dem Kraftstoff Gebet

Gospelmusik ist ein Instrument, Gott zu loben. In der Geschichte dieser Musik stecken viel Schmerz und Leid, aber auch die Freude, die entsteht, wenn man den Glauben und die Hoffnung in Christus gefunden hat und damit ein Ziel vor Augen sieht, welches uns hilft, über das Elend dieser Welt hinwegzukommen. Wir sehen es als unseren Auftrag an, diese Frohe Botschaft in die Welt hinauszusingen. Bei allem Spaß an der Musik, den wir zweifellos haben, ist dies das Fundament unserer Arbeit. Praktisch wird das etwa durch regelmäßige Andachten vor jeder Probe und gemeinsames Gebet vor einem Konzert. Gebet ist überhaupt das Öl, das den Motor von *Fetz Domino* am Laufen hält und die nötige Motivation liefert, den eigenen Glauben öffentlich zu bekennen. Wir beten zum Beispiel, dass Gott sich in unseren Gesichtern widerspiegelt. Dem ist natürlich nicht automatisch so. Es bedarf hierzu vieler Arbeit an uns selbst. Aber immer wieder ist *Fetz Domino* überwältigt von dem, was Gott in den Konzerten tut. Wie oft haben uns Besucher erzählt, wie sie durch die Musik neuen Mut und Kraft in einer schwierigen Lebenssituation bekommen hätten.

Von praktischen Gotteserfahrungen und Gebetserhörungen in den vergangenen 20 Jahren könnte ich jetzt seitenweise erzählen. Passiert doch auf unseren Konzerttouren immer wieder Unvorhergesehenes, das alle unsere gut durchdachten Pläne über den Haufen wirft – und schnell sind wir mit unserem »Latein« am Ende. Mehrfach durften wir aber erleben, dass Gott seine Kinder nicht im Regen stehen lässt. Wie oft hat er, wenn wir mit unseren Sorgen zu ihm gekommen sind, das aussichtslos Erscheinende zum Guten geführt. Wenn wir nichts mehr in der Hand haben, ist er an der Reihe, seinen Teil beizusteuern. Für mich unvergesslich ist zum Beispiel ein Open-Air-Konzert in Friedrichshafen direkt am Bodensee. Schon während der Anreise machte das Wetter nicht den besten Eindruck. Beim Aufbau der Musikanlage regnete es in Strömen. Doch im Vertrauen auf Gott ließen wir uns nicht beirren. Unsere Gebete vor dem Konzert wurden auf eindrucksvolle Weise beantwortet. Denn kurz darauf riss die Wolkendecke genau über Friedrichshafen auf – und bei Konzertbeginn hatten wir das schönste Bilderbuchwetter. Für dieses und jede Menge weitere gleichgelagerte Erlebnisse sind wir dankbar. Sie sind der Beweis dafür, dass sich Glauben »lohnt« – und *Fetz Domino* eine Botschaft hat, die zu verkünden alle Mühen wert ist.

Patrick Gastmann (l.), 38, und Peter Lauber (r.), 49, sind Mitbegründer und Leiter des Karlsruher Gospelchors *Fetz Domino*. Gastmann ist im Streifendienst der Polizei tätig und in zahlreichen christlichen Projekten aktiv. Lauber arbeitet als Radiojournalist und engagiert sich ehrenamtlich als Leiter verschiedener christlicher Chöre.

# »Mein Glaube befindet sich noch im Wachstum«

## Interview

**Bist du in einer religiösen Familie aufgewachsen?** Ich bin als kleines Kind in christlichen Verhältnissen aufgewachsen. Sogar meine Omas und Opas, auf beiden Seiten der Familie, sind christlich und gehen in die gleiche Gemeinde, in die meine Eltern und ich auch gehen. So bin ich schon als kleines Kind in die Kirche gegangen. Zu Hause beten wir immer vor dem Essen, schon von klein auf. Früher ist mein Vater abends zu mir ans Bett gekommen und hat noch mit mir vor dem Einschlafen gebetet. Im letzten Schulhalbjahr ist das Ganze für mich noch sehr viel intensiver geworden. Ich war für sechs Monate als Austauschschülerin in den USA bei einer christlichen Familie. Dort bin ich sogar auf eine christliche Schule gegangen. In dem Zeitraum ist mir das alles sehr viel nähergekommen, weil es mir dort viel krasser begegnet ist. Meine Gastschwestern durften zum Beispiel nur christliche Lieder hören. Es ist mir erst sehr schwergefallen, mich an diese strengen Verhältnisse zu gewöhnen. Aber dieses halbe Jahr hat dazu geführt, dass mir der Glaube sehr viel wichtiger geworden ist.

**Wie ist der Gott, an den du glaubst?**  Gott ist einfach liebenswürdig für mich. Er hilft mir, im Leben den richtigen Pfad zu finden. Er ist da, in guten und in schlechten Zeiten. Manchmal merke ich ihn mehr, manchmal weniger, so ist das halt. Er kann sich ganz unterschiedlich zeigen. Zum Beispiel spricht er mich durch Freunde an, aber auch im Gottesdienst, durch ein Lied oder durch irgendwelche Texte. Mit anderen Leuten bete ich ungern laut zusammen. Ich bin eher jemand, der still für sich selbst betet. Ich hab ein Buch für abends, wo auf ein paar Seiten ein Text mit einem Bibelvers dazu steht. Diese Texte versuche ich jeden Abend zu lesen und mir meine Gedanken dazu zu machen. Oft haben mir diese Sprüche Mut gemacht und sie passten genau zu meiner Situation.

Wenn ich bete, dann findet das in meinen Gedanken statt, das ist schwer zu erklären. Ich bete, aber spreche die Worte nicht hörbar aus. So eine direkte, offensichtliche Gebetserhörung hatte ich noch nicht, aber schon oft ist es passiert, dass ich etwas im Gebet gesagt hab, und im nächsten Moment kam ein Freund auf mich zu und hat mir total die Kraft gegeben. Da hab ich dann oft gedacht, dass Gott mir diesen Freund geschickt hat. Könnte ja gut sein, dass Gott durch diesen Freund sogar zu mir spricht.

**Besuchst du einen Gottesdienst?**  In der Woche hab ich sehr viele regelmäßige Veranstaltungen, die mit meinem Glauben zu tun haben. Ich geh zum Beispiel regelmäßig jeden Sonntag zum Gottes-

dienst in die Kirche, dienstags bin ich in der Jugendstunde, donnerstags für zwei Stunden in einer anderen Kirche in einer anderen Jugend-
veranstaltung. Und dann haben wir noch für unsere Jugend alle zwei
Wochen so eine »bistroartige Veranstaltung«.

**Was gehört für dich noch zum Christsein dazu?**  Ich versuche, so
wie man das lernt, immer freundlich zu anderen zu sein. Jeden normal
zu behandeln, egal, wie er aussieht oder wie er sich verhält, gehört für
mich dazu.

Es gibt auch ein paar moralische Dinge, die mir wichtig sind. Ich
finde Lügen zum Beispiel allgemein nicht gut, das versuche ich zu
vermeiden, nicht nur aus Glaubensgründen. Das Thema Sex vor der
Ehe hat sich in der Gesellschaft im Laufe der Zeit sehr verändert. Ich
will versuchen, die Regel »Keinen Sex vor der Ehe« einzuhalten. Ich
finde, dass es gute Gründe dafür gibt.

Eigentlich hab ich keine besonderen christlichen Rituale und
auch die christlichen Feste sind mir nicht so wichtig. Ostern ist zum
Beispiel kein besonderer Tag für mich, der irgendwie gefeiert wird,
dort sind wir meistens im Urlaub. Weihnachten wird aber schon
groß gefeiert in der Familie.

Jeden Abend lese ich ein englisches Buch, das *Girls of Grace* heißt.
Dort sind Predigten drin, die mir einen Glaubensimpuls geben können. Zum Beispiel steht dort vielleicht: »Versuche, morgen alle Leute
freundlich anzulächeln!« Es sind eben so praktische und persönliche
Geschichten oder auch Bibelverse, die man dort findet. In diesem
Buch besteht die Möglichkeit, sich Dinge anzukreuzen oder etwas
einzutragen. Ich versuch, jeden Tag eine Aufgabe aus diesem Buch zu
erledigen. Das ist wie eine Art Ritual für mich, das ich jeden Abend
einhalte und das mir sehr viel Spaß macht.

**Hast du ein Vorbild im Glauben?** Es gibt eine Frau bei uns in der Kirche, die ist für mich in Sachen Glauben echt ein Vorbild. Sie war schon oft schwer krank, lag sogar schon mal im Sterben. Und trotzdem erzählt sie viel von ihrem Glauben, wie Gott ihr in der Situation geholfen hat, und das finde ich faszinierend. Obwohl sie so viel Schlechtes erlebt hat, mit ihren Krankheiten und so, ist sie immer noch dabei. Das finde ich total gut.

**Wie gehst du in der Schule mit deinem Glauben um?** In meinem Freundeskreis wissen die Leute, dass ich in die Gemeinde gehe, und manchmal lade ich auch dazu ein. Aber in der Schule wissen viele Mitschüler nicht, dass ich christlich bin oder in die Kirche gehe. In der Klasse rede ich nicht so offen über meinen Glauben, aber wenn ich gefragt werde, hab ich kein Problem damit, darüber zu sprechen. Ich finde, jeder sollte seinen Glauben so ausleben können, wie er gerne mag, ohne Gespött von anderen zu hören. Ich wurde schon mal gefragt: »Wie jetzt, du gehst jeden Sonntag in die Kirche?« Viele Leute denken, dass das doch eigentlich sehr langweilig ist, obwohl auf der anderen Seite auch viele total interessiert daran sind. Ich bin jetzt nicht so, dass ich unbedingt will, dass die anderen auch gläubig werden. Aber ich merke oft, dass ein Interesse für den Glauben da ist. Ich freu mich riesig, wenn jemand mit in die Gemeinde kommt, aber wie gesagt, dränge ich niemanden dazu. Ich will ihnen Gott näherbringen, denn viele kennen den Glauben gar nicht richtig. Manche haben auch total falsche Vorstellung davon, zum Beispiel denken sie nicht, dass man auch als Christ verrückte Sachen anstellt und nicht nur die ganze Zeit eine Bibelarbeit nach der nächsten macht. Ich hab eine Freundin von mir mal mitgeschleppt, und jetzt geht sie sogar fast schon häufiger in die Jugend als ich. Darüber freue ich mich sehr.

**Und wenn jemand gerne glauben möchte?** Wenn Leute gerne glauben würden, würde ich ihnen raten, immer am Ball zu bleiben, sie sollten sich weiterhin dafür interessieren. Es bringt etwas, sich mit Freunden über Gott zu unterhalten. Was auch gut ist, sind christliche Freizeiten und Festivals, da sollte man einfach hingehen, sich dem Glauben aussetzen und schauen, was passiert. Jeder erlebt Gott anders. Gott kommt bei jedem anders an. Glaube ist eine sehr individuelle Sache. Ich höre viel christliche Musik, da mag ich die Texte. Aber nicht so Chorgesänge, sondern eher christliche Rockmusik. Die Texte sprechen mich sehr oft an. Ich glaube sogar, dass Gott zu mir durch diese Liedtexte spricht und mich berührt.

**Gibt es etwas, das dich stört?** Was ich schade finde, ist, dass gerade in der älteren Generation der Glaube in den Gottesdiensten so steif rüberkommt. Es gibt heute so krasse neue christliche Musik, und die Aussage der Texte ist oft sehr gut und fast schon besser als die der alten, langweiligen Kirchenlieder. Ich finde es schade, dass die Älteren sagen: »Alles muss so bleiben, wie es ist. Neue Musik gehört sich nicht!« Sie sind einfach nicht offen genug dafür.

**Fällt es dir manchmal schwer, zu glauben?** Ich hab schon relativ häufig an Gott gezweifelt. Mein Glaube befindet sich sozusagen in der »Bildungsphase«. Ich bin in meinem Glauben nicht sehr standhaft, aber ich versuche, dabeizubleiben, regelmäßig in die Kirche zu gehen, eben einfach dranzubleiben. Mein Glaube befindet sich noch im Wachstum. Allgemein gibt es immer Zeiten, wo man Gott nicht spürt, wo man sich leer fühlt und seelisch müde. In diesen Zeiten denkt man sich: »Ich bin so fertig, ich hab keine Zeit für irgendwas, wo ist Gott?« An einem anderen Tag denkt man: »Gott gibt's«, und am nächsten Tag ist man sich nicht mehr so sicher. Manchmal setze ich mich dann hin und lese etwas in der Bibel. Ich stecke dann irgendwo einen Finger rein und lese das. Oft passt die Stelle dann gut auf meine Situation. Wir sprechen gerade im Religionsunterricht auch über andere Religionen. Ich bin allgemein offen, ich finde die anderen Religionen zwar interessant, doch in mancher Hinsicht auch merkwürdig. Aber andere denken vermutlich über meine Religion genau dasselbe. Ich denke, es gibt in allen Religionen Gemeinsamkeiten. Die einzelnen Religionen sollten mehr voneinander lernen und aufeinander zugehen.

Lara, 17, ist Schülerin.

Shelly Kupferberg

# Jüdische Generations-sprünge

»Ist es schlimm, Jude zu sein?« Ich erinnere mich, wie ich diese Frage meiner Mutter stellte. Ich war vier Jahre alt, im Kindergarten wurde eifrig Weihnachtsschmuck gebastelt, und ich war immer begeistert dabei. Klar, es musste ein Weihnachtsbaum für all die glitzernden Dinge und Strohsterne her. Doch einen Weihnachtsbaum, den gab es bei uns nicht – zu meinem großen Bedauern. »Warum haben wie keinen Weihnachtsbaum?«, fragte ich immer wieder enttäuscht, und meine Mutter erklärte mir, dass wir kein Weihnachten feiern würden, bei uns heiße das Fest um diese Zeit Chanukka, und wir feierten Chanukka, weil wir Juden seien. Der Weihnachtsbaum: Jahr für Jahr wurde er wieder und wieder zum Diskussionsthema. Ich fand ihn einfach toll, fing immer zur Weihnachtszeit an, mein Zimmer mit Lametta, gefundenen Tannenzweigen und anderen Dingen weihnachtlich zu schmücken. Doch irgendwann war es dann so weit: Meine Eltern ließen sich breitschlagen! Nachdem mein Onkel in Amerika angerufen wurde und das Problem geschildert war, dass das sechsjährige Töchterchen soooo gerne einen Weihnachtsbaum haben wolle, und meine Mutter von ihrem Bruder wissen wollte, was er von der ganzen Sache hielt, antwortete der ganz lässig: Kauft ihr einen Weihnachtsbaum, sie wird schon keine Nonne deshalb werden! Das überzeugte meine Eltern offenbar. Ein Foto dieser Tage zeigt ein zufrieden lächelndes kleines Mädchen zwischen einem kleinen Weihnachtsbaum im Blumentopf und einer Chanukkiah (dem achtarmigen Leuchter, der zum Chanukkafest angezündet wird). Noch heute blicke ich aus einer Mischung von Faszination und dem Gefühl, dass diese Kultur nicht meine ist, auf den ganzen Weihnachtsrummel.

## Andere Feste, ähnlich gefeiert

Als Kind haben wir zu Hause die jüdischen Feste und Feiertage so gefeiert, wie es die meisten Christen hierzulande wahrscheinlich auch tun: nicht sehr religiös. Wir haben oft mit anderen jüdischen Freunden gefeiert, an Chanukka wurde die Chanukkiah angezündet, es gab Geschenke für uns Kinder, es wurde gut gegessen und ein wenig gesungen. Zu Pessach wurde die Geschichte der Juden und ihres Auszugs aus Ägypten gelesen, man liest sie abwechselnd aus der Haggadah vor (meist allerdings schafften wir nicht die ganze Geschichte, alle hatten zu großen Hunger und freuten sich auf das üppige Pessach-Essen …). Kurzum: Meine Familie ist alles andere als religiös. In die Synagoge gingen wir sehr unregelmäßig. Es gab Zeiten als Jugendliche, in denen mir eine religiöse Identität gefehlt hat. Allerdings habe ich sehr schnell begriffen, dass es jenseits von Religion noch viele andere Aspekte im Judentum gibt, die mir wichtiger waren und sind. Das ist zum einen eine reiche und lange Kultur, zum anderen das Bewusstsein darüber, einem Volk zu entstammen, das über Jahrtausende hinweg immer wieder verfolgt worden ist. Für mich bedeutet diese Tatsache vor allem, sensibel gegenüber Minderheiten sein zu wollen, sensibel gegenüber Gewalt, eine kritische Einstellung zu bewahren gegenüber dem, was uns tagtäglich an Ungerechtigkeiten umgibt.

### Zwei Kulturen

Meine Großeltern sind in den Jahren zwischen 1934 und 1938 aus Nazideutschland geflohen. Sie kamen aus Berlin, Hildesheim und Wien. Sie hatten großes Glück, sie flohen rechtzeitig. Jeder von ihnen hat viele Familienangehörige und Freunde verloren, ein Teil meiner Urgroßeltern konnte und wollte einfach nicht glauben, was die Nazis mit den Juden vorhatten, und blieben. Sie wurden ermordet.

Meine vier Großeltern aber kamen jeder für sich nach Palästina – und das nicht aus freien Stücken, sondern auf der Flucht. Sie hatten keine andere Wahl, wollten sie überleben. Mühselig erlernten sie die

Shelly Kupferberg

für sie so fremde Sprache Hebräisch, bauten sich langsam eine Existenz auf, fanden sich, heirateten und bekamen Kinder. Meine Großeltern vermissten allesamt die deutsche Sprache und die deutsche Kultur. Einer meiner Großväter traf sich mit deutschsprachigen Freunden regelmäßig, um deutsche Literatur gemeinsam zu lesen und zu diskutieren. Und so finden sich bis heute in den Bücherregalen meiner Großeltern in Tel Aviv Goethe, Schiller, Brecht, Heine, Kant und allerlei andere deutschsprachige Schriftsteller. Immer wenn ich in den Ferien mit meinen Eltern und meiner Schwester bei ihnen war, zogen wir uns das eine oder andere Buch heraus, oder unser Großvater – er war Professor für Geschichte – referierte über deutsche Literatur, die bis zu seinem Tode seine große Leidenschaft blieb.

Schon früh nach dem Zweiten Weltkrieg bereisten meine Großeltern Europa – auch Deutschland und Österreich. Mein Großvater hielt Vorträge über deutsche Demokratiebewegungen und die Französische Revolution, schrieb Bücher über Heinrich Heine und deutsche Demokraten und Revolutionäre – auf Deutsch. Die anderen Großeltern verbrachten ihre Ferien im Schwarzwald und in Berlin. Zu verbunden fühlten sie sich alle mit dem Land, der Sprache. Doch einen Neuanfang konnten sie sich in ihrer ehemaligen Heimat nicht vorstellen – nicht, solange noch so viele Mitläufer und Täter um sie herum waren. Zu tief war die Wunde.

Meine Eltern indes wuchsen mit ganz anderen Büchern auf. In israelischen Schulen las man selbstverständlich hebräische Literatur, lernte die jüdische Geschichte, die Bibel und sang andere Lieder. Für sie musste die deutsche Kultur wie eine aus einer fernen, abstrakten Welt anmuten. Wie alle Israelis hatten meine Eltern auch ihren Militärdienst zu absolvieren (Männer drei Jahre, Frauen zwei Jahre). In die Zeit, als mein Vater Soldat war, fielen gleich zwei Kriege: 1967 brach der

Als Kind haben wir zu Hause

Sechs-Tage-Krieg aus und 1973 – mein Vater war Reservist und wurde eingezogen – der Yom-Kippur-Krieg. Beide Kriege wurden von Israel gewonnen, doch meine Eltern zweifelten sehr an der politischen Situation des Landes, in dem ein Frieden mit den Palästinensern und den umliegenden arabischen Ländern leider noch nicht, oder nur teilweise, absehbar war (und bis heute ist). 1974 dann wurde ich in Tel Aviv geboren. Meine Eltern waren jung und brauchten einen Tapetenwechsel. Einfach mal weg für ein Jahr aus dem komplizierten Land Israel. Wohin gehen? Am besten, so dachten sie, in ein deutschsprachiges Land. Mein Vater, der damals beide Sprachen (Hebräisch und Deutsch) fließend sprach, dachte an die Schweiz. Umwege führten sie dann aller-

die jüdischen Feste und Feiertage so gefeiert, wie es die meisten Christen hierzulande wahrscheinlich auch tun: nicht sehr religiös.

dings Mitte der 70er-Jahre nach Deutschland. Und so kamen sie mit einem Kochtopf, einem Koffer und einem Baby (mir also) in Berlin an. Hier fanden sie schnell Freunde und Arbeit, und so wurden aus einem Jahr bis heute über 30 Jahre, in denen sie zufrieden in der deutschen Metropole leben. Meine Schwester wurde bereits in Berlin geboren, wir wuchsen mit der deutschen Sprache auf, besuchten deutsche Schulen und: Wir lasen teilweise die gleichen Bücher wie unsere Großeltern. Meine Eltern sprechen bis heute Hebräisch untereinander, und sowohl meine Schwester als auch ich verstehen die Sprache sehr gut und sprechen sie einigermaßen. Für unsere Aufenthalte in Israel reicht unser Alltagshebräisch jedenfalls aus.

## Ein Kreis schließt sich

Zu unseren Großeltern hatten und haben meine Schwester und ich ein besonders enges Verhältnis. Wahrscheinlich auch, weil sich zwischen ihnen und uns eine Art Kreis geschlossen hat. Wir sprechen die gleiche Sprache, wachsen in Deutschland – wenn auch in einem anderen – auf. Wir sind, wie sie es waren, deutsch sozialisiert. Die erste Frage, die unser Großvater jedes Mal stellte, wenn wir ihn sahen, war immer die gleiche: Spürt ihr Antisemitismus in Deutschland? Beruhigt nahm er es zur Kenntnis, wenn wir ihm erzählten, wie wohl wir uns in der Schule, mit unseren Freunden fühlten. Nein, einen direkten Antisemitismus mir gegenüber habe ich nie erlebt. Indirekt aber oft genug. Die Ressentiments gegenüber Andersgläubigen, Andersaussehenden, andersdenkenden Menschen beobachte ich argwöhnisch. Manchmal sehe ich, wie Menschen, die einen fremdländischen Akzent im Deutschen haben, nicht verstanden werden wollen. Zu oft werden Menschen stigmatisiert, nur, weil sie aus religiösen Gründen ein Kopftuch tragen. »Leben und leben lassen«, das ist meine absolute Prämisse.

Shelly Kupferberg

Als Minderheit in Deutschland und mit einer Familiengeschichte, die von Verfolgung geprägt ist, fühle ich mich besonders alarmiert, wenn jegliche Art von Diskriminierung stattfindet. Eine Minderheit in einer Mehrheitsgesellschaft zu sein, das ist prägender Aspekt meines Judentums. Das muss nicht immer negativ sein, im Gegenteil: Ich hoffe, dass mich dieser Teil meines Judentums zu einem sensiblen Menschen macht. Ich lebe gerne in Deutschland, in Berlin – keine Frage! Hier habe ich meine Freunde, meine Arbeit, und nicht zuletzt habe ich hier meinen (italienischen) Mann kennengelernt und mit ihm eine Familie gegründet. Und doch vergeht kein Tag in meinem Leben, an dem ich nicht an mein Jüdischsein in irgendeiner Weise erinnert werde.

## Die Schichten der Zeit

Gerade Berlin ist eine Stadt, in der man die wechselhafte Geschichte dieses Landes sehr deutlich sehen und fühlen kann. Es ist eine von der Geschichte gebrochene Stadt. Gerade das finde ich so interessant an Berlin. An vielen Stellen wird einem bewusst, was von hier alles ausging: große Kultur, weltbewegende Politik – gute und schlechte. Jedes Mal, wenn ich beispielsweise mit der S-Bahn fahre und die Endstationen »Wannsee – Oranienburg« lese, dann denke ich daran, dass in der berühmt-berüchtigten Wannseekonferenz 1942 die Vernichtung der europäischen Juden von hochrangigen Nazis offiziell beschlossen wurde. Es sind vor allem diese Assoziationen, die mir im Alltag immer wieder begegnen. Wenn ich zum Beispiel alte Menschen auf der Straße sehe, dann frage ich mich automatisch, was diese wohl in der Zeit zwischen 1933 und 1945 so gemacht und gedacht haben. Das ist ein Automatismus, der sich schwer abstellen lässt. Mit ihm lebe ich, ihm habe ich in meinem Körper und in meinem Geist einen Platz gegeben. Und an dieser Stelle sollen all diese Gedanken auch bleiben, denn nähmen

Auch wenn ich seit vielen Jahren nicht das Bedürfnis verspüre, in eine Synagoge zu gehen, und seit vielen Jahren meinen Halt in allem Möglichen, aber nicht der Religion suche: Ich denke, dass jeder Mensch eine Art von Spiritualität in sich trägt.

Shelly Kupferberg

sie überhand, dann könnte ich in diesem Land nicht leben. Trotzdem muss ich festhalten: Ich finde es wunderbar, in zwei Kulturen zu Hause zu sein, sie zu verstehen, ihre Mentalitäten nachvollziehen zu können. Das ist ein Schatz, den ich auch gerne meinen Kindern weitergeben möchte.

Auch wenn ich seit vielen Jahren nicht das Bedürfnis verspüre, in eine Synagoge zu gehen, und seit vielen Jahren meinen Halt in allem Möglichen, aber nicht der Religion suche: Ich denke, dass jeder Mensch eine Art von Spiritualität in sich trägt. Die kann ganz unterschiedlich zum Vorschein kommen. Ob nun diese höhere Kraft den Namen des jüdischen Gottes trägt oder nicht: Es spielt für mich keine Rolle. Ich finde den jüdischen Glauben, die Religion durchaus spannend – aber sie interessiert mich lediglich intellektuell. Das mag sich vielleicht noch im Laufe meines Lebens ändern … Heute sind meine Kinder noch klein – doch sie registrieren bereits, dass Chanukka, Pessach, Rosh Hashanah und all die anderen Feste eine feste Rolle in unserem Familienleben spielen. Ich bin sehr neugierig, wie sie »ihr« Judentum entdecken werden in den nächsten Jahren. Und mir hoffentlich niemals die Frage stellen werden: »Ist es schlimm, Jude zu sein?« Und: wenn doch? Ich nehme mir vor, genauso gelassen wie meine Mutter damals zu reagieren.

Shelly Kupferberg, 37, geboren in Tel Aviv und aufgewachsen in Berlin, arbeitet als freie Journalistin und Moderatorin in Radio und Fernsehen sowie bei Veranstaltungen. Einer der Schwerpunkte ihrer Arbeit ist die Beschäftigung mit jüdischer Kultur.

# »Ich finde es nicht gut, wenn ein Mensch an gar nichts glaubt«

## Interview

**Woran glaubst du?**
Ich glaube an die Religion Islam. Ich glaube an Allah.

**Wie ist Allah für dich?** Beschreiben kann man ihn nicht – wir wissen nicht, wie er aussieht. Aber wir kennen seine Besonderheiten, dass er zum Beispiel sehen kann, was wir nicht sehen können. Was für uns unmöglich ist, kann er im Handumdrehen machen. Und Allah ist barmherzig.

**Wie bist du Allah nah?** Ich bete und ich gehe regelmäßig zur Moschee. Erwachsene Muslime müssen jeden Tag fünfmal beten. Das ist für mich, als wenn ich mit Allah rede. Wie man betet, lernt man in den Koranschulen. Dort geht man so mit ungefähr sieben Jahren hin. Natürlich bin ich auch in die Koranschule gegangen. Mit elf Jahren konnte ich dann aus dem Koran lesen, auf Arabisch. Es gibt aber auch Bücher, die das übersetzen. Zur Moschee gehe ich vor allem an Feiertagen wie dem Opferfest oder dem Ramadan-Fest, das jetzt ist.

**Wann ist der Ramadan? Was feiert ihr da?**  Ramadan hat heute angefangen. Erwachsene Muslime fasten einen Monat lang. Danach findet ein Fest statt. Die Verwandten kommen uns dann besuchen, und es wird viel gekocht, die ganzen türkischen Spezialitäten. Morgens früh gehen die Männer in die Moschee zum Beten, für die Frauen ist das keine Pflicht. Das Fest ist so etwas wie die Belohnung dafür, dass wir einen Monat gefastet haben. Die kleinen Kinder kommen an die Türen und küssen die Hände der Älteren und anschließend bekommen sie etwas Süßes.

**Welche Feste sind außerdem wichtig?**  Das Opferfest. Jede Familie, die das Geld dazu hat, muss ein Tier opfern. Nicht nur für sich selbst; man muss einen Teil an die Nachbarn geben und an die Verwandten, die kein eigenes Opfertier haben, weil sie vielleicht kein Geld dafür hatten. Es ist wie eine Art Spende.

**Hört Allah dich?**  Ja, klar hört Allah mich. Ich zweifle nicht an ihm. Wenn ich für etwas bete, das ich gerne möchte, dann hört Allah das. Und manchmal ist es so, dass meine Wünsche in Erfüllung gehen. Wenn man zu Allah betet, irgendetwas, auch wenn das nicht in Erfüllung geht, dann hat das einen Grund. Und man hat trotzdem etwas Gutes für sich getan.

**Kommst du aus einer religiösen Familie?**   Ja, meine Familie ist religiös. Sie halten sich an die Regeln und an die Vorschriften. Ich selbst hab vielleicht vor zwei oder drei Jahren angefangen, mitzubeten, mit zwölf oder so.

**Was bedeutet das Kopftuch für dich?**   Ich trage ein Kopftuch. Nicht, weil mich meine Eltern dazu gezwungen haben, ich trage es, weil ich es will und weil es auch im Koran steht. Aus meiner Familie tragen nicht alle ein Kopftuch, aber das heißt nicht, dass sie nicht religiös sind. Ich habe so vor anderthalb Jahren damit angefangen, mit vierzehn oder dreizehn. Manche Leute gucken mich schon an. Aber ich sag dann nichts, ich gehe einfach weiter. Es ist mir egal, was die anderen Leute über mich denken. Jeder kann seine eigene Religion haben.

**Hast du Vorbilder für deinen Glauben?**   Mein Vorbild ist der Prophet Muhammed, der auch früher gelebt hat. Er ist der letzte Prophet. Vor ihm gab es viele Propheten, aber nach ihm wird es keine geben.

**Gibt es neben dem Beten noch andere Vorschriften in deinem Glauben?**   Man darf auf jeden Fall keinen töten. Nicht lügen ... Man muss einmal im Leben eine Pilgerfahrt machen und sich ans Fasten halten.

**Ihr lebt ja in einem christlichen Land – feiert ihr z. B. auch Weihnachten ein bisschen?**   Wir feiern Weihnachten nicht, aber es gibt natürlich muslimische Familien, die das feiern. Die Christen feiern Weihnachten, wir feiern Ramadan ...

Interview mit Kübra

**Was denkst du über andere Religionen?**   Ich finde es nicht gut, wenn ein Mensch an gar nichts glaubt. Der Mensch hat dann ja keine Regeln, keine Pflichten ... ich weiß nicht, wie sich das anfühlt. Meiner Meinung nach sollte ein Mensch an etwas glauben. Es gibt auch Gemeinsamkeiten zwischen den Religionen. Wenn man zum Beispiel den Islam und das Christentum ein bisschen vergleicht, sind da ja viele Gemeinsamkeiten. Die glauben auch an den Propheten, die glauben auch an Jesus, wir auch, nur anders. Die glauben auch an einen Gott ...

Kübra, 15, besucht eine Gesamtschule.

Giovanni di Lorenzo

# Der schönste Moment des Tages

Wer einmal Katholik war
und wer einmal Kommunist war,

Der Glaube ist für mich eine besonders private Privatsache. Ich bin davon überzeugt, dass Gesellschaften (und auch Kirchen) sich dann am freiesten entfalten können, wenn keiner mehr den anderen missionieren möchte. Ich habe Angst davor, dass ein religiöses Bekenntnis als aufdringlich empfunden werden könnte oder ich meinen eigenen Schutzpanzer ausgerechnet an einer Stelle ablege, an der ein Schlag ganz besonders wehtun würde.

Aber die Kirche ist von meinem Leben nicht zu trennen, zu stark ist meine christliche Prägung gewesen. Da ich auch noch katholisch bin, fühle ich mich durch ein Wort von Heinrich Böll, das er einst an seine Kollegin Christa Wolf richtete, besonders gut getroffen: »Wer einmal Katholik war und wer einmal Kommunist war, der wird das nie wieder los.«

Wenigstens habe ich es versucht und schon als Kind gelegentlich rebelliert. Während einer Kommunionstunde in Rimini behauptete ein Priester, dass nur die Katholiken wahre Christen seien, worauf ich – keinesfalls kleinlaut – erwiderte, dass meine halbe Verwandtschaft aus Protestanten bestehe, und das seien auch gute Menschen. Der Einfaltspinsel erklärte, mein Bruder und ich sollten zur Mutter Gottes beten, dass der Teufel nicht von ihnen Besitz ergreife.

In den wildesten Zeiten unserer Pubertät bekannte meine Mutter einmal, sie habe sich immer gewünscht, dass einer ihrer Söhne Geistlicher werde. (Gottlob findet sie heute Journalisten auch ganz gut.) Das führte natürlich zu wütendem Hohngelächter und war das sicherste Mittel, uns genau von diesem Weg fernzuhalten. Aber es hinderte

*der wird das nie wieder los.*

Wenn es dich gibt,
lieber Gott,

# wie kannst du diesen Schmerz zulassen?

mich keinesfalls daran, gerade in jenen Jahren immer wieder in einem Kloster von Benediktinerinnen Urlaub zu machen, die mich, obwohl ich lange Haare und hochhackige Lederstiefel trug, freundlich und neugierig aufnahmen; mit einer Schwester stehe ich nach Jahrzehnten noch in Verbindung.

Als Krankheit und Tod meine Familie trafen wie Vernichtungswaffen und Trauer und Verzweiflung sich unseres Lebens bemächtigten, da stellten sich selbst bei meiner frommen, zum Katholizismus konvertierten Mama jene quälenden Zweifel ein, die wohl zu jedem erwachsenen Glauben gehören und auch nie mehr aufhören: Wenn es dich gibt, lieber Gott, wie kannst du diesen Schmerz zulassen?

Dazu kam, immer wieder, der Ärger über die Verfehlungen der Amtskirche: Was habe ich mit anderen geschimpft über Papst Wojtyla, der uns dogmatisch erschien wie ein Ajatollah! Was haben wir uns lustig gemacht über die Marotten seiner Amtsführung, das Küssen der Landebahnen zum Beispiel in jenen Ländern, denen er einen Besuch abstattete. Ganz zu schweigen von den zwielichtigen Machenschaften der vatikanischen Bank IOR, die intensive Geschäftsbeziehungen zur Mafia unterhielt und von einem Monsignore geleitet wurde, der in Personalunion ein Gangster und ein Vertrauter des Papstes war. Und damals wussten wir noch gar nichts über den massenhaften Missbrauch kleiner Jungen durch pädophile Kirchenmänner.

Mir ist trotzdem nie in den Sinn gekommen, aus der Kirche auszutreten; schwer verständlich, weil kleinlich, finde ich es, wenn Menschen erklären, sie täten das allein wegen der Kirchensteuer.

Anfang 2005 begann das lange, öffentliche Sterben von Papst Johannes Paul II. Man konnte es kaum mit ansehen, kaum aushalten. Die Haltung immer gebückter, die Hände immer zittriger, die Stimme immer brüchiger. Der Papst, der – wie nur wenige vor ihm – für Vitalität und Sicherheit im Glauben gestanden hatte, wurde zur Verkörperung von Siechtum und Vergänglichkeit. Und er wollte das ganz offensichtlich auch sein – der Gegenentwurf zu einer Gesellschaft, in der jeder immer nur zu funktionieren hat, am besten gesund und gut aussehend. Am Anfang hat es mich noch irritiert, dann beeindruckt. Schließlich, als nach einer letzten kaum noch zu verstehenden Ansprache am Ostersonntag auf dem Petersplatz klar war, dass er innerhalb von Tagen sterben würde, war ich geradezu überwältigt. Ich lag stundenlang auf dem Bett und trauerte, als sei ich dabei, einen meiner liebsten Angehörigen zu verlieren.

Wenige Stunden vor seinem Tod machte ich mich mit meiner späteren Frau auf den Weg zur St.-Hedwigs-Kathedrale in der Nähe des Berliner Gendarmenmarkts. Es war schon spät, und in der Kirche waren viele junge Leute, die nicht so aussahen, als seien sie geübte

Giovanni di Lorenzo

Besucher von Gottesdiensten. Wir zündeten Kerzen an und verharrten in Andacht. In diesem Moment fühlte ich mich ganz und gar eins mit meiner Kirche. Das Gefühl war: Nicht wir waren ihm, dem Papst, im Sterben nahe, sondern der Papst war sterbend bei uns. Er hatte am Ende vorgelebt, was fast jeder Mensch früher oder später erfährt: Dass es nichts Wichtigeres gibt, als in der Stunde des Leids für einen anderen Menschen da zu sein – oder selbst nicht allein zu bleiben.

Nein, es war kein Erweckungserlebnis. Seit einigen Jahren jedoch haben wir zu Hause etwas aufleben lassen, was lange verschüttgegangen war: Vor dem Essen wird still gebetet, auch wenn Gäste da sind. Sehr oft ist das der schönste Moment des Tages.

Giovanni di Lorenzo, 52, aufgewachsen in Italien und Hannover, arbeitet seit den 8oer-Jahren als Journalist und Moderator. Heute ist er Chefredakteur der Wochenzeitung *Die Zeit*, Mitherausgeber des *Berliner Tagesspiegel* und Moderator der Talkshow *3 nach 9*. Sein gemeinsam mit Axel Hacke verfasstes Buch *Wofür stehst du?* erschien 2010.

# »Eine Religion gehört nicht zu mir«

## Interview

**Glaubst du an etwas?**   Nicht an einen Gott. Ich setzte Glauben immer mit Gott und Kirche in Zusammenhang, obwohl man das sicher auch anders definieren kann. Ich glaube auch nicht an irgendeine Macht, die überweltlich ist. Ich kann mir nicht vorstellen, dass es irgendetwas gibt, das uns oder das Geschehen auf der Erde lenkt, sondern denke, dass alles von uns selbst kommt.

**Hast du als Kind an etwas geglaubt?**   Ich hab es toll gefunden, an etwas zu glauben, das alles steuert und das mir sozusagen die Schuld abnimmt oder alles, was ich selber bestimme. Aber ob ich wirklich fest daran geglaubt hab? Ich find die Idee so schön, an etwas zu glauben. Und wenn ich dann noch mal darüber nachdenke, kann ich eigentlich nicht glauben. Meine Oma ist religiös und geht auch regelmäßig zur Kirche, aber meine Eltern sind überhaupt nicht religiös. Ich bin auch nicht getauft. Wir sind trotzdem in der Grundschule zum Religionsunterricht gegangen und waren immer offen dem Thema gegenüber, haben uns damit beschäftigt. Zu Weihnachten oder zu Ostern gehen wir auch mal mit der Familie in die Kirche, aber am Essenstisch oder so spielt Religion keine Rolle.

**Wie feiert ihr die christlichen Feste?** Das hat bei uns eher einen familiären Charakter. Wir feiern nicht unbedingt die Auferstehung Christi oder die Geburt, sondern für uns sind das Familienfeste und es gibt Geschenke oder es werden Ostereier versteckt. Es ist schon so, dass wir Weihnachten zum Beispiel zum Krippenspiel gehen, das ist traditionell in meiner Familie so, und es wird wahrscheinlich auch so bleiben. Aber mit Kirche und Religion hat es nicht direkt was zu tun.

**Hast du Freunde, die gläubig sind?** Ja, ich hab Freunde, die glauben, die auch konfirmiert sind oder zur Kommunion gehen, und wir sind da unterschiedlicher Meinung in manchen Themen. Wir reden offen darüber und es ist ein recht interessantes Gesprächsthema. Wir sprechen zum Beispiel über den Sinn des Lebens, das ist immer so eine philosophische Frage, die gern diskutiert wird. Manche sagen, es gibt gar keinen Sinn. Ich sehe auch keinen konkreten Sinn. Es ist einfach wichtig für jeden Einzelnen, dass er sich ein Ziel setzt und dass er versucht, glücklich zu sein. Und die Welt in irgendeiner Art zu verändern. Oder auch das Leben nach dem Tod. Wenn ich dazu was sagen müsste, würde ich sagen, es ist dann einfach zu Ende und man lebt in den Herzen der anderen weiter und als Erinnerung. Obwohl das schon eine traurige Wahrheit ist.

Das sind so philosophische Fragen, die wir diskutieren und bei denen wir verschiedener Meinung sind. Ich merk in solchen Gesprächen, dass das eben nicht das ist, woran ich glauben kann, das ich für wahr halte. Dann wird es mir noch mal bewusst, dass eine Religion noch nicht zu mir gehört und wahrscheinlich auch nie zu mir gehören wird.

### An welche Werte glaubst du, wenn die Religion wegfällt?

Für mich tritt die Menschlichkeit an die Stelle der Religion. Alles, was mit dem Menschen übereinstimmt und was für ein gerechtes Zusammenleben steht, das sind für mich die wichtigen Werte. Und ich denke, die Grundwerte wurden gar nicht durch Religion geprägt, sondern haben schon lange vorher existiert. Meine Überzeugung ist, dass sich das aus dem Miteinanderleben ergeben hat. Durch die Jugendfeier bin ich zu den *Jungen Humanisten* gekommen. Die Jugendfeier ist so was wie eine Konfirmationsfeier, bei der die Religion nicht von Belang ist, so ganz kurz erklärt. Die *Jungen Humanisten* bieten Reisen für Kinder und Jugendliche an. Da hab ich auch teilgenommen, und jetzt fang ich langsam an, auch zu betreuen. Wir haben auch wöchentliche Angebote wie zum Beispiel Klettern, Selbstverteidigung oder kreative Gestaltung. Manchmal gibt's themenspezifische Wochenenden, letztens hatten wir eine Vorbereitung auf die U18-Wahlen. Wir haben also verschiedenste Freizeitangebote. Für mich ist das wie eine Art junge Gemeinde, in der ich mich engagiere.

### Wie offen gehst du damit um, dass du nicht glaubst?

Ich bin da sehr offen mit, und bisher hatte ich noch keine negativen Erfahrungen damit in meinem Umfeld. In meiner Schule gibt es keinen Religionsunterricht mehr. Ich gehe in eine Philosophie-AG und da reden wir oft über das Thema Religion, philosophieren darüber.

### Was denkst du über Religionen?

Von mir aus kann jeder glauben, woran er möchte. Ich denke auch, dass es eine Sache der Erziehung ist. Und ich finde es extrem spannend, was andere erzählen, woran sie glauben, was ihre Religion ist. Was mich bei manchen Leuten fasziniert, ist, dass sie so ein Vertrauen in ihre Religion haben. Die hinterfragen das nicht sonderlich, sondern sind sich sicher. Das kann ich irgendwie nicht nachvollziehen, weil ich immer alles hinterfragen muss. Ich kann das nicht so hinnehmen, wie mir das von irgendwem erzählt wird. An Religion direkt gibt es nichts, was mich stört – mich stört eher die Kirche. Ich denke zum Beispiel, dass eine Trennung von Kirche und Staat unbedingt erforderlich ist, weil es halt verschiedene Kirchen gibt und jeder eine Religion haben darf, seine Religion haben darf. Aber Religion hat nichts im Staat zu suchen, in der Politik. Das muss meiner Meinung nach getrennt werden. Es gab jetzt in Berlin eine große Diskussion, ob es Religionsunterricht geben sollte. Von mir aus kann jeder zu Hause machen, was er möchte, aber in der Schule sollte es nicht verpflichtend sein.

**Wünschst du dir manchmal, dass es jemanden gibt, zu dem du beten kannst?** In manchen Situationen, in denen ich ratlos bin, wär es schon ganz praktisch. Aber bis jetzt hab ich immer andere Wege gefunden. Manchmal denke ich schon, dass es vielleicht doch irgendwas Überweltliches gibt. Aber das lässt sich überhaupt nicht beweisen, und dann denke ich, nee, es kann eigentlich doch nicht sein. Ich zweifle manchmal an meinem Zweifel – und zweifle dann doch auch wieder daran, dass es einen Gott geben könnte.

Johanna, 17, besucht ein Gymnasium.

## Bildnachweis

Michael Englert, www.michael-englert.com: 15 • getty images/Paulo Fridman: 20 • Thomas Gerstmann, www.Tomografik.de: 27 • Nathanael Volke: 33 • getty images/Belinda Muller: 39 • privat: 43, 63, 75, 81, 93, 107, 121, 135, 143, 149, 163, 225 • Aristi Dimou: 49 • getty images/Danita Delimont: 53 • A. Zierhut: 59 • getty images/artparadigm: 71 • getty images/Bullaty-Lomeo: 84 • tba: 87 • getty images/David De Lossy: 97 • Hendrik Roggemann: 101 • getty images/Thomas J. Abercrombie: 111 • Frank Eidel: 115 • getty images/Evgeni Zotov: 126 • Kerim Pamuk/Kolja von der Lippe: 129 • getty images/Chris Leschinsky: 140 • getty images/Andrew Howe: 154 • Max Kowallik: 157 • getty images/Claire Hayden: 167 • Joachim Gern: 173 • Uta Diegmann: 179 • getty images/Nabeel Turner: 184 • Thies Rätzke: 193 • getty images/Jeanene Scott: 202 • Michael Breuer: 205 • Roger Theise: 211 • getty images/Dana Hoff: 216 • Anna-Katharina Schulz/rbb: 221 • getty images/Dave G. Kelly: 229 • Werner Bartsch: 231 • Carlotta Mähler: 235.

## Textnachweis

Bei den Texten handelt es sich um Erstveröffentlichungen mit Ausnahme von:

S. 108–115: Eckart von Hirschhausen: »Glaube versetzt Gotteshäuser«

S. 180–193: Özlem Topcu: »Einmal Glaube und zurück«, Die Zeit, 05.01.2011. Gekürzter Abdruck.

S. 226–231: aus: »Wofür stehst du? Was in unserem Leben wichtig ist – eine Suche«
von Axel Hacke/Giovanni di Lorenzo. © 2010 by Verlag Kiepenheuer & Witsch GmbH & Co. KG, Köln.
Gekürzter Textauszug, Titel von Beltz & Gelberg.